아빠
대화법

아이의 숨은 잠재력을 끌어내는

아빠 대화법

전도근 | 지음

머리말

무관심한 아빠들이여,
아이와 '베프'가 되자

엄마가 있어 좋다. 나를 예뻐해주셔서.
냉장고가 있어 좋다. 나에게 먹을 것을 주어서.
강아지가 있어 좋다. 나랑 놀아주어서.
그런데 아빠는 왜 있는지 모르겠다.

얼마 전 인터넷에서 화제가 되었던 시다. 초등학생이 썼다고 알려진 이 시는 오늘날 아빠들의 모습을 대변한다. 아빠는 누구보다 가족을 위해 열심히 일하는 사람이다. 하지만 아빠가 열심히 일할수록, 가족과 만날 시간은 줄어들고, 가족과는 점점 멀어진다. 가족들도 어쩌다 한 번 보는 아빠가 어색하고, 불편하기만 하다. 언제부턴가 아빠는 집안에서 왕따가 되어버렸다.

아이는 엄마 아빠, 어느 누구 한 사람만의 수고나 노력으로 키울 수 있는 것이 아니다. 엄마와 아빠가 각자 맡은 역할을 충실히 해나갈 때 아이는 정서적으로 균형감 있게 성장할 수 있다. 엄마는 아이들을 세심하게 살피고 보듬는다면, 아빠는 아이에게 성장과 발달의 기회를 제공한다. 아이들을 야단칠 때도 엄마와 아빠는 다를 수밖에 없는데, 아이의 일상을 꿰뚫고 있는 엄마는 소소하게 아이들에게 잔소리를 하는 경향이 많고, 아빠는 아이의 행동이 자신의 기대나 눈높이와 다를 때 아이에게 화를 내거나 야단을 치는 경우가 많다.

하지만 야단을 친다고 아이는 달라지지 않는다. 오히려 부작용만 있을 뿐이다. 아이는 아빠가 자기를 걱정해서가 아니라 미워해서 화를 낸다고 생각하고는 오히려 섭섭해하기만 한다. 이런 상황이 쌓일수록 점점 아이와의 사이는 멀어진다. 아빠가 해줘야 할 일은 어른의 입장에서 가르치고 훈계하는 것이 아니라 아이 입장에서 생각하고 행동하는 것이다. 아빠의 역할은 어른의 세계를 아이들에게 이해하도록 강요하는 것보다 아이들로 하여금 스스로 자기 자신을 통제할 수 있도록, 또 자신이 한 행동에 대하여 책임질 줄 아는 사람이 되도록 돕는 것이다.

우리의 아이들은 스펀지와 같아서 모든 것을 빨아들일 준비를 하고 있다. 그들은 마치 무한한 가능성을 지닌 꿈나무와 같다. 어떻게 물을 주고 어떻게 가지치기를 해주느냐에 따라서 좋은 나무로 자랄 수도, 전혀 도움이 되지 않는 잡초처럼 자랄 수도 있다. 그렇기에 진정으로 자상한 멘토 같은 아빠가 필요하다. 단순하게 군림하고 명령하는 아빠가 아니라 아이의 인생을 전반적으로 설계해주고 조언해주는 역할을 해야 한다.

이제 아빠의 자리를 다시 찾을 때가 되었다. 아빠의 말 한마디에 따라, 눈길 한 번에 따라, 몸짓 한 번에 따라 아이는 생활 태도가 바뀌고, 아빠와 대화하면서 보다 넓은 세상을 바라보게 된다. 아빠로서 아이의 미래가 걱정된다면 아이의 잠재 능력을 키워주는 '대화법'을 익혀야 한다.

많은 아빠들이 대화의 필요성도, 중요성도 잘 알고 있지만, 막상 아이와 대화하기란 쉬운 일이 아니다. 아이와 이야기하다 보면 매번 똑같은 말을 반복하거나, 대화의 많은 부분이 훈계나 가르침으로 흘러갈 것이다. 이 책은 그러한 아빠들을 위해 아이와의 대화에서 필요한 모든 것을 담고자 했다.

아이와 대화하려면 아빠부터 먼저 바뀌어야 한다. 지금껏 "~하지 마"식의 부정적인 말들이 아이에게 들려주는 말의 대부분을 차지하지는 않았는지 돌아봐야 한다. 그리고 자신이 하고 싶은 말을 하기보다는 아이의 말을 들어주는 아빠가 되어야 한다. 그래야 아이는 마음을 열고 아빠와의 대화를 즐기게 될 것이다. 그것이 아이와의 대화에서 가장 먼저 할 일이다.

'아이를 잘 키운다'는 말은 '아이와 잘 대화한다'와도 같은 말이다. 아이와의 대화는 모든 영역에서 그 진가를 발휘할 것이다. 우선 아이의 '재능, 잠재력'을 키워주는 대화법을 엄선했다. 자신감, 창의력, 감성, 리더십 등 아이가 어렸을 때부터 자연스럽게 키워나가야 할 덕목들을 어떻게 평소에 대화를 통해 끌어낼 수 있는지를 소개했다. 아빠와 마음을 주고받는 대화는 아이가 좀 더 큰 세상을 만날 수 있도록 도와줄 것이다.

아이를 키우면서 가장 버거울 때가 바로 아이가 떼쓰고 투정부릴 때다. 매번 혼낼 수도 없고 그렇다고 아이의 요구대로 들어주다 보면 버릇 나빠질까봐 고민인 부모님들에게 가장 현명한 해결책을 제시한다. '아이의 생활 습관을 고치기 위한 대화법'이 바로 그것이다. 상황별로 떼를 쓰는 아이들의 원인과 적절한 대화법, 이를 위한 올바른 칭찬과 꾸중의 원칙들을 제시했다. 매일매일 조금씩 실천하다

보면 아빠의 꾸준한 관심과 노력이 아이의 나쁜 습관을 몰라보게 바꾸어 놓는 것을 확인할 수 있을 것이다.

마지막으로 '아이의 공부 습관을 달라지게 하는 아빠의 대화법'을 소개했다. 아빠가 아이의 공부에 관심이 없는 것은 더 이상 자랑이 아니다. 아이를 학원으로 내몰라는 말이 아니다. '관심'을 가져야 한다는 말이다. 이는 아이의 꿈과도 직결된 문제이며, 아이는 어린 시절부터 아빠와의 대화에서 여러 경험을 쌓으며 자신의 의견을 똑 부러지게 말하는 법을 배우기도, 자신의 꿈을 만들어가기도 한다.

모든 아이는 위대한 사람으로, 큰 나무로 클 수 있는 재능을 타고 났다. 다만 어떤 아빠를 만나느냐에 따라 평범한 사람이 되느냐 세상을 이끄는 지도자가 되느냐가 결정된다. 좋은 아빠는 미래를 읽고 변화를 준비할 줄 안다. 아빠의 현명한 대화법은 아이의 감각, 사고, 행동, 정서를 모두 하이 터치하는 인간사 최고의 교육법이다. 아빠가 해주는 코칭은 따뜻한 정이 담겨있고, 인간 심리가 녹아있고, 대화의 기술이 숨 쉬는 가장 각광받는 양육법이기도 하다.

아이의 어린 시절은 다시는 오지 않을 소중한 시간이다. 오늘부터라도 아이와의 대화를 시작하자. 아빠는 하루하루 쑥쑥 커가는 아이의 모습, 자신이 전혀 몰랐던 아이의 새로운 면들을 발견하는 기쁨을 얻을 것이고, 아이는 자신을 믿고 사랑하는 든든한 친구로서의 아빠를 얻게 될 것이다. 이는 분명 아이가 자신의 꿈을 실현하면서 평생 자신감 있게 세상을 살아나가는 데 큰 버팀목이 되어 줄 것이다.

부디 이 책을 통해서 우리나라의 모든 아빠가 아이의 가장 좋은 친구가 되고, 아이와 마음을 나누고 꿈을 나누는 소중한 시간을 보내기를 기원한다.

전도근

 **CONTENTS**

머리말 무관심한 아빠들이여, 아이와 '베프'가 되자   4

PART ★ 1
좋은 아빠가 되기로 결심하다

● **Chapter 1** ● 아빠는 아이를 몰라도 너무 모른다

01 친구 같은 아빠가 대세다   20
02 아이의 생각과 아빠의 생각은 다를 수밖에 없다   24
03 나는 어떤 아빠인가?   27
04 아이와 대화하기 전에 고쳐야 할 아빠의 습관들   30

● **Chapter 2** ● 대화의 첫 번째 미션, 아이의 마음을 열어라

01 일단, 듣는 것이 먼저다   34
02 아이가 좋아하는 아빠, 무엇이 다른가   40
03 아이의 눈높이에서 말하고 있는가   43
04 아이와 보내는 시간을 먼저 확보하라   47
05 아이의 말 속에 숨은 아이의 마음   50
06 아빠와 대화를 피하는 아이, 어떻게 해야 할까   54

PART ★ 2
아이의 숨어 있는 잠재력을 끌어내는 아빠 대화법

• Chapter 1 • 미래를 꿈꾸는 아이로 키우는 자신감 대화법

01 아는 척과 잘난 척, 무조건 나무라는 것이 능사가 아니다   64
02 역사 속 인물들의 도전정신을 이야기해주자   68
03 포기를 모르는 아이, 아빠의 격려가 만든다   72
04 자신감을 잃은 아이에게는 실패의 의미를 들려주자   76
05 자신감 있는 아이로 키우는 아빠의 한마디   81

• Chapter 2 • 세상을 바꾸는 아이로 키우는 창의력 대화법

01 아이의 질문, 어떻게 대답할 것인가   86
02 아이가 제일 좋아하는 것, 알고 있는가   91
03 잠들기 전, 아이와 주제를 정해놓고 이야기해보자   94
04 창의성을 쑥쑥 길러주는 언어 놀이   97
05 아이의 호기심을 키워주는 아빠의 질문법   103

• Chapter 3 • 인생을 즐기는 아이로 키우는 감성 대화법

01 한쪽으로 치우치지 않는 감성, 아빠에게 달렸다   110
02 아이와의 이야깃거리가 고민되는 아빠에게   113

03 말이 안 된다고 지적하지 마라   116
04 아이에게 고정관념을 심지 마라   119
05 아이는 아빠와의 대화를 통해 큰 꿈을 만든다   121

• **Chapter 4** • 세상에 꼭 필요한 사람으로 키우는 리더십 대화법

01 아빠가 솔선수범, 가족끼리 존댓말을 써보자   126
02 아이가 할 말을 대신하지 마라   129
03 나는 오늘 몇 번이나 "안 돼!"라고 말했는가?   132
04 리더로 키우고 싶다면 꼭 고쳐야 할 아이의 거짓말 습관   136
05 스스로 책임지는 강한 아이로 키우고 싶은 아빠에게   139

PART ★ 3

아이의 생활 습관을 바꾸는 아빠 대화법

• **Chapter 1** • 아이는 아빠와의 대화를 통해 성장한다

01 세 살, 습관을 고쳐야 할 나이   146
02 아이의 문제행동에는 반드시 이유가 있다   150
03 아이의 행동 습관을 바로잡는 대화 원칙   155

04 듣는 사람의 행동을 변화시키는 '나' 전달법　　163
05 아이를 무조건 이기려고 하지 마라　　166

- **Chapter 2 ・ 끝없는 투정, 말 한마디로 달라진다**
01 투정은 성장의 과정이다　　170
02 아이의 마음을 안다는 것을 표현하라　　173
03 투정하는 아이에게 꼭 가르쳐야 할 것　　177
04 무시하는 것도 방법이다　　180
05 투정, 이렇게 하면 고칠 수 있다 : 상황별 대처법　　183

- **Chapter 3 ・ 게임 시간은 줄고, 대화 시간은 늘고**
01 피할 수 없는 유혹, 게임　　192
02 게임 탈출, 방법은 있다　　197
03 아이도 불만 없는 게임 시간 정하기　　203

- **Chapter 4 ・ 아빠가 꼭 알아야 할 칭찬과 꾸중의 법칙**
01 칭찬할 것이냐 야단칠 것이냐 그것이 문제로다　　208
02 칭찬에도 원칙이 필요하다　　211
03 아이는 아빠의 진심 어린 꾸중으로 변한다　　220
04 고함보다는 현명한 꾸중이 필요하다 : 꾸중의 4가지 법칙　　224

PART ★ 4
아이의 공부 습관이 달라지는 아빠 대화법

- **Chapter 1** • **우리 아이 책읽기 달인으로 만드는 대화 습관**

  01 책을 좋아하는 아이는 팔할이 아빠가 만든다   232

  02 아이와의 이야깃거리가 풍성해지는 책 놀이   238

  03 생활 속 책 이야기가 아이의 생각을 넓힌다   242

- **Chapter 2** • **자신의 생각을 똑 부러지게 말하는 아이로 키워라!**

  01 발표 잘하는 아이, 어릴 적 대화 습관이 만든다   246

  02 주제를 정하고 대화해라   249

  03 자신의 의사를 정확하게 표현하는 아이로 키우는 법   253

  04 발표 잘하는 아이로 키우는 대화의 원칙   256

- **Chapter 3** • **자기주도학습 습관이 성적을 결정한다**

  01 아이에게 곧바로 답을 알려주지 말자   262

  02 아이의 재능보다 노력을 칭찬하라   266

  03 집중력 향상을 위한 5단계 대화 기술   269

PART ★ 5
아이가 나보다 멋진 인생을 살았으면 좋겠다

01 아이와 같이 꿈을 말하는 아빠가 되자	**277**
02 해낼 수 있다는 자신감은 아빠의 믿음에서 나온다	**284**
03 고기를 잡는 방법을 알려줘라	**288**
04 아이의 무한한 잠재력, 어떻게 찾아줄 것인가	**292**

아빠는 아이를 몰라도 너무 모른다

대화의 첫 번째 미션, 아이의 마음을 열어라

PART ★ 1

좋은 아빠가 되기로 결심하다

지금까지 우리가 받아온 일방적인 지시나 가르침에 의한 양육법으로는 아이들을 잘 키우기 어렵다. 아이의 삶에 중요한 영향을 미치고 싶은가. 그렇다면 자신이 어떤 아빠인지 스스로 자문하는 습관을 통하여 아이의 입장이 되어보아야 한다. 아이의 입장이 되어서 아이 말에 귀를 기울여야 한다.

• chapter 1 •

아빠는 아이를 몰라도 너무 모른다

친구 같은 아빠가 대세다

　　　　　　사랑으로 가정을 이루고, 그리고 소중한 아이를 얻었다. 사랑스러운 아이를 보며 하루하루 기쁘고, 벅찬 것도 사실이지만, 한 생명을 키워내는 일은 너무나 많은 수고와 노력을 필요로 한다. 전혀 생각하지 못한 문제에 맞닥뜨리기도 하며 그동안 한뜻을 가지고 살아왔다고 생각한 부부도 아이 문제에 있어서만큼은 의견이 달라 목소리가 높아지고 갈등을 빚기도 한다.

　실제로 아이 양육 문제 때문에 부부 간의 갈등, 외로움, 절망, 혼란을 하소연하는 이들이 많다. 아이의 양육 방법에 관해서는 엄마와 아빠가 차이가 있는데, 엄마는 아이를 보호하고, 모든 것을 챙기면서 가까이 도와주려는 경향이 있는 반면, 아빠는 모험과 자립심을 키워주겠다고 밖으로 밀어내는 경향이 있다. 이런 생각의 차이는 표면상으론 갈등을 유발할 수도 있지만 실제로는 전체 가족을 돈독히 이어주는 힘이다. 그러나 이러한 갈등이 심하다면 이야기는 달라진다. 어느 정도라면 서로 잘 융합해서 나갈 수 있지만 사사건건 부딪히며 의견 차이가 생긴다면 그때부터 아이와의 갈등 문제가 부부 간의 갈등으로 연결되기도 한다.

| 엄마와 아빠는 말하는 방식이 다르다 |

아빠는 아이의 관심을 끌면서 대화에서 상호작용하기를 원한다. 가령 뜻밖의 표정을 짓는다거나 갑작스러운 말이나 행동을 해서 아이를 놀라게 하길 좋아한다. 엄마는 전면에 나서지 않고 아이들을 뒤에서 후원하며 아이들의 인생을 함부로 결정지으려 하지 않는다. 오히려 아빠의 아이에 대한 이벤트적인 행동에 대해서 당혹스러워하기도 한다. 엄마는 작은 일에 대해서 안 된다고 하는 반면 아빠는 큰 일에 대해서 안 된다고 한다. 엄마는 잘못을 보아도 바로 지적하지 않고 참았다가 모아서 말하지만 아빠는 문제행동이 나타나면 바로 말하는 경향이 많다. 엄마는 "너 때문에 정말 속상해 죽겠다", "대체 누굴 닮아서 그 모양이니?"라고 지금 이 순간의 상태를 말하지만, 아빠는 "너 나중에 뭐가 되려고 그러니?", "한 번만 더 그러면 그땐 가만 두지 않겠다"라고 미래를 위협한다.

엄마는 평소에 아이와 친구처럼 지내기 때문에 아이가 잘못을 해도 심하게 꾸중을 하지 않는다. 그러면서 스스로 아이와 잘 공감하고 있고 아이를 납득시켜가며 잘 가르치고 있다고 여기는 경향이 있다. 그런데 실상을 들여다보면 타이르는 것도 혼내는 것도 아닌 단지 아이와 말다툼을 하는 경우가 많다. 그런데 혹여 아빠가 아이를 야단치려고 할 때는 무슨 큰일이라도 난듯 화들짝 아빠를 말리고 어느새 아이를 감싸고 만다. 아빠는 아이가 너무 귀여움만 받고 자라면 버릇이 없어질지도 모른다는 생각에 필요 이상으로 엄하게 대하는 경우가 종종 있다. 그러다 보니 어느새 아이에게 아빠란 무섭고 혼내는 사람이라고 입력되기도 한다.

엄마는 아이와 공감대가 형성되기 위해서는 일단 아이의 마음을 열기 위해 잘해줘야 한다고 생각해 칭찬을 많이 하는 반면에 아빠는 인내심과 버릇을 잘 들이기 위해서는 때론 엄격해야 한다고 생각해서 부정적인 말을 하는 경우가 많다. 아이에게 부정적인 말을 하거나 윽박지르면 아이의 마음속에는 깊은 상처가 남고 결국 부모와 아이 사이가 멀어진다. 많은 부모들이 아이들에게 공감해주는 대화가 필요한 것은 알지만 이를 실천에 옮기는 것은 쉽지 않다.

이제는 부모와 아이 사이의 대화하는 법도 바꿔야 한다. 더구나 요즈음은 육아에서 아빠의 역할이 새롭게 규정되고, 요구되는 분위기다. 엄한 아빠 역할에서 벗어나 믿고 상의할 수 있는 친구 같은 아빠, 즉 새로운 아빠의 역할이 필요한 것이다.

부모는 아이의 인생 초기부터 가장 큰 영향력을 주는 존재다. 부모로부터 신뢰와 존중을 받은 아이는 스스로에 대한 긍정적인 느낌과 확신을 갖게 되고 이는 자존감을 키워가는 데 중요한 밑거름이 될 것이다. 그 시작은 아이와 매일매일 나누는 대화가 될 것이다.

아이의 생각과 아빠의 생각은
다를 수밖에 없다

아빠는 아이들이 자신의 손바닥 안에 있다고 생각한다. 자신도 어린 시절을 겪었기 때문에 그들이 무엇을 원하는지, 어떤 생각을 갖고 있는지 다 알고 있다고 생각한다. 또, 아빠들은 바쁘다. 대다수의 아빠가 직장생활과 바깥일에 집중하면서 아이들과 함께 할 시간이 점점 줄어든다. 자연스럽게 아이들의 생활에서 아빠의 자리가 없어진다. 아빠는 평소에는 아이에게 무관심하다가 어쩌다 여유가 생기면 갑자기 아이들과 대화를 하고 싶어 한다. 아이들은 계속 성장하고 있는데도 아빠는 자기가 보아왔던 아이라고 생각해서 예전 그대로 똑같이 생각하고 대화를 하려고 한다.

아빠가 말을 걸면 아빠와의 대화가 낯선 아이들은 우물쭈물하거나 말이 겉돌고 자연스럽지 못하게 된다. 아빠가 아이들과 대화가 잘 안 되는 이유는 아빠의 시각으로 아이들을 이해하고 자신의 수준으로 대화를 이끌어가려고 하기 때문이다. 아이가 어릴 때는 아빠를 잔소리꾼으로라도 인정하지만, 청소년이 되면 친구보다 못한 있으나 마나한 존재로 인식하기도 하고, 심한 경우에는 자신의 적으로 생각하기도 한다.

이러한 문제는 근본적으로 아이들과 아빠의 생각 차이에서 시작한다. 예를 들어보자. 아빠는 아이가 인내력이 있으면 좋겠다고 생각하지만, 아이들은 모든 일을 쉽게 포기한다. 아빠는 아이와 함께 놀고 싶지만 아이는 아빠보다는 컴퓨터 게임을 좋아한다. 아빠는 가족과 같이 시간을 보내고 싶지만, 아이들은 친구와 노는 것을 더 좋아한다.

결국 이러한 문제는 아빠가 아이들의 마음을 너무 모르기 때문에 일어나는 일이다. 자신의 아버지들이 했던 것처럼 아이들에게 아빠의 가부장적인 리더십에 묵묵히 따라주기를 바라고 있다. 이제 아빠의 생각대로 살아줄 아이는 없다. 이 사실을 받아들여야 한다. 아빠의 생각에 아이들의 생각을 무조건 맞추기를 원한다면 아빠와 아이의 갈등은 불보듯 뻔하며, 하루도 조용할 날이 없을 것이다.

이러한 현상은 다양한 이유가 있겠지만 그중에서도 급변하는 세상의 변화에서 그 원인을 찾을 수 있을 것이다. 세상의 변화 속도가 너무 빨라 적응하기 어렵듯이 그만큼 아이 교육도 세상의 변화에 따라 궤를 같이 하며 어려워지고 있다.

   그렇다면 어찌해야 아이들과 좋은 관계를 유지할 수 있을 것인가? 그것은 시대의 변화에 아빠들이 순응하는 것이다. 아이들을 이해하고 아이들 입장에서 대화를 해야 한다. 아빠가 진정으로 자신을 이해하고 자신의 편이라고 느낄 때 아이들은 마음의 문을 열고, 아빠를 따르게 될 것이다. 아이들의 마음은 제쳐두고, 시종일관 아빠의 의견대로 아이들을 이끌려고 고집한다면, 아이들과는 갈등과 마찰을 겪을 수밖에 없다.

나는 어떤 아빠인가?

아이를 키운다는 것은 하나의 새로운 인생을 만들어가는 작업이다. 그리고 그 시간은 다시 되돌아오지 않는다. 요즘 아빠들은 육아에도 적극적인 편으로 아이에게 관심과 시간을 많이 쏟고 있지만, 좋은 아빠가 되는 일은 한두 번의 노력으로, 시간날 때 잠시잠깐의 노력으로 가능한 것이 아니다.

많은 아빠들이 흔히 하는 실수가 자신이 변하기보다는 아이에게 자신의 생각과 행동을 강요하거나 과도하게 기대하는 것이다. 많은 아빠들이 어린 시절에 겪은 깊은 상처를 해결하지 못한 채 결혼하고 아이를 낳는다. 그리고 상처로 인한 잘못된 고정관념, 나쁜 습관, 미래에 대한 두려움 등을 아내나 아이들에게 반영하고 있다.

좋은 아빠가 된다는 것은 바로 이러한 아빠가 가지고 있는 부정적인 생각이나 습관들을 고치는 것부터 시작해야 한다. 그리고 나서 그동안 아이들에 대해 가지고 있던 고정관념을 버리고 아이를 있는 그대로 바라보아야 한다. 이를 위해서는 먼저 스스로를 돌아보며 '나는 과연 아이들에게 어떤 아빠인가'하는 질문에 답할 수 있어야 한다. 내가 어떤 아빠인지를 알고 싶으면 체크리스트를 통해서 간단히 진단해보자.

체크리스트를 분석하는 방법은 '네'라고 표시한 것이 11~15개이면 좋은 아빠로서의 자질이 충분한 사람으로서 지금처럼 아이들과 지내도 좋다. '네'라고 표시한 것이 6~10개면 현재 아이가 마음에 들지 않는 상태로 아이와 갈등이 생기기 시작하는 단계라고 할 수 있다. 좋은 아빠가 되기 위해서는 '아니오'라고 체크한 부분을 찾아서 자신의 행동을 고치면 된다. '네'라고 표시한 것이 0~5개면 아이가 마음에 들지 않는 부분이 많아 갈등이 큰 아빠라고 할 수 있다. 좋은 아빠가 되기 위해서는 아이에게 무엇을 고치라고 말하기에 앞서 자신의 행동을 먼저 바꾸어야 한다.

지금까지 우리가 받아온 일방적인 지시나 가르침에 의한 양육 방법으로는 아이들을 잘 키우기 어렵다. 아이의 삶에 중요한 영향을 미치고 싶은가. 그렇다면 자신이 어떤 아빠인지 스스로 자문하는 습관을 통해서 아이의 입장이 되어 보아야 한다. 그 입장에서 그들의 말에 귀를 기울이며 대화를 나눠야 한다.

● 아빠 진단 체크리스트

	문항	예	아니오
1	가끔 내 생각을 아이에게 일방적으로 강요한 적이 없다.		
2	하루에 한 번이라도 잔소리를 한 적이 없다.		
3	나의 잘못을 아이의 탓으로 돌린 적이 없다.		
4	아이가 잘못을 인정했는데도 되풀이하여 야단친 적이 없다.		
5	내 기분에 따라 아이를 대한 적이 없다.		
6	아이가 힘들어 할 때 자주 격려해준다.		
7	아이의 가장 친한 친구가 누구인지 안다.		
8	아이가 무엇을 잘하는지를 알고 있다.		
9	아이가 한 일을 진심으로 기뻐하고 칭찬해준 적이 있다.		
10	가끔 아이와 함께 즐거운 시간을 갖고 있다.		
11	아이의 꿈이 무엇인지 알고 있다.		
12	아이가 좋아하는 사람이 누구인지 알고 있다.		
13	아이가 갖고 싶은 선물을 알고 있다.		
14	아이가 좋아하는 것이 무엇인지 알고 있다.		
15	아이를 어떻게 키워야 할지 방법을 알고 있고 실천하고 있다.		
계			

아이와 대화하기 전에
고쳐야 할 아빠의 습관들

많은 부모들이 내 아이에 관한 것이라면 무엇이든 다 알고 있다는 착각 속에 살고 있다. 설령 어제까지 알고 있었다 하더라도 하루하루 달라지는 것이 아이들이다. 아이들과의 대화가 중요하다고 해서 무작정 말 몇 마디 하는 것이 중요한 것이 아니다. 우리 아이가 오늘 기분은 어떤지, 무엇을 좋아하는지, 무엇을 하고 싶은지 살펴주는 게 먼저다.

그렇지 않을 때 아빠들은 종종 실수를 한다. 바로 아이를 잘 모르기 때문에 벌어지는 일이다. 실수는 아이의 마음을 닫게 만들어 더 이상의 대화가 진전되지 못하게 한다. 다음 유형들 중에 혹여라도 내 모습이 있지는 않은지 살펴보자.

| **아이 감정에 둔감한 아빠** |

아이에게 버럭 화를 내고서는 아이가 놀라서 떨고 있는 것을 보지 못하고 자기의 불쾌한 기분만 중요하게 생각하는 아빠가 여기에 속한다. 퍼즐을 갖고 놀려는 아이에게 "쏟으면 혼날 줄 알아"라고 겁을 주기도 한다. 이런 아빠들에게 가장 필요한 것은 감정을 읽는 훈련이다. 끊임없이 아이의 기분을 살피기를 반복하면서 자신이 먼저 세심한 감정을 가진 사람으로 변해야 한다.

| **기다리지 못하고 잔소리부터 하는 아빠** |

아이 스스로 하는 것을 기다려주지 않고 "양치질해라", "밥 흘리지 말고 먹어라" 등 아이의 행동을 일일이 체크하는 아빠다. 이런 아빠라면 그동안 잘할 수 있을까 걱정이 되어 아이에게 시키지 못했던 심부름을 시키거나 간단한 집안일을 맡겨 보는 것이 좋다. 아이들은 아빠가 생각하는 것보다 더 유능하다. 잔소리를 참기 어려우면 잔소리 대신 "아빠 좀 도와줄래?", "신발 좀 정리해줄 수 있니?"라고 물어보는 것도 좋다.

| **말로 표현을 잘 못하는 아빠** |

아이가 마음에 안 드는 행동을 했을 때, 말로 차근차근 타이르는 대신 손부터 올라가거나 소리부터 지르는 아빠가 여기에 해당된다. 이들은

아이가 말을 안 들으면 때려야 한다고 생각한다. 손부터 올라가거나 소리부터 지르면 아이들은 마음의 상처를 입게 되어 대화는 더욱 단절된다. 따라서 일단 참고 되도록 말로 표현해야 하는데, "하지 마"라는 말보다는 "같이 해볼까?"라고 말하는 습관을 들여보자.

| 자신의 말을 어기는 것을 못 견뎌하는 아빠 |

자신의 말에 아이가 이의를 제기하면 발끈하는 아빠들이다. 이들은 아이들이 자신의 생각을 말하는 것 자체를 '무례하다'거나 '버릇없다'고 생각하기 때문에 아이에게 순종을 강요한다. 아이들에게 순종을 강요하면 더 이상 아이는 아빠와 함께하는 것을 싫어하게 된다. 아이가 무엇을 좋아하는지를 먼저 파악하자. 그리고 아이가 좋아하는 것을 하게 하는 것이 좋다.

| 자식에게 하소연을 일삼는 아빠 |

"안그래도 힘든데 너까지 왜 이러니?"와 같은 말을 자주 하는 아빠가 여기에 속한다. 자신이 얼마나 희생했는지를 자식에게 줄곧 늘어놓는다. 이런 아빠 밑에서 자란 아이는 일찌감치 애어른이 된다. 자식에게 하소연하기보다는 아빠의 바람을 솔직하게 표현하는 것이 좋다. 가령 "너 때문에 속상해 죽겠다"보다는 "아빠는 동수가 일찍 일어나 주었으면 좋겠다"라고 말하는 것이 좋다.

아이를 훌륭하게 키운다는 것은 아이와 좋은 대화를 나눈다는 것과 같은 말이다. 왜냐하면 아이를 가르치거나, 벌을 주거나, 윽박질러서는 절대 우리가 원하는 대로 키울 수 없기 때문이다. 아이는 우리가 가르친 대로 성장하지 않는다. 아이는 온전히 자신이 느낀 대로 자란다. 그러므로 어른들이 할 수 있는 유일한 가르침은 아이들과 대화를 나누는 것뿐이다.

•chapter 2•

대화의 첫 번째 미션, 아이의 마음을 열어라

일단,
듣는 것이 먼저다

아이에게 좋은 아빠가 되고픈 바람을 가진 아빠들이 늘고 있다. 그래서 바쁜 시간을 쪼개 아빠 학교나 좋은 아빠가 되기 위한 모임도 챙겨 나가며 애써보지만 배운 것을 실제 적용하기란 쉽지 않다. 아빠 입장에서는 그 어떤 일보다 최선을 다하고 있지만, 아이와의 대화는 툭, 툭 끊어지기 마련이고 무엇을 주제로 말해야할지도 매번 고민거리다. 이렇게 아이와의 대화가 쉽지 않은 이유는 무엇일까?

모든 부모는 아이들과 대화를 할 때 아이가 자신의 말을 귀 기울여 들어주기를 바란다. 하지만, 아이도 마찬가지다. 부모가 자신의 이야기를 잘 들어주기를 바란다. 아이와 대화를 잘하는 비결은 바로 여기 숨어 있다. 바로 아이가 하는 말이 쓸데없고 불필요하다고 생각되더라도 열심히 들어주는 것이다.

누군가의 이야기를 잘 듣는 것은 있는 그대로 받아들인다는 것을 표현하는 것이다. 사람은 자신이 있는 그대로 받아들여진다고 느낄 때, 심리적으로 안정감을 느끼게 되고 성장하고 노력하고자 하는 의욕을 갖게 된다. 아이도 마찬가지다. 많은 아빠들이 아이에게는 잘못된 것을 지적하고 이를 바로잡는 것이 최선이라고 생각하고, 듣기보다는 아이의 잘못을 지적하고 해결 방법을 알려주는 것에 관심이 많다. 그러나 이보다 더 효과적인 것은 바로 적극적으로 들어주는 것이다. 적극적으로 들어주는 방법은 다음과 같다.

| **적극적인 반응을 보인다** |

아이의 마음에 공감하는 의미로 적극적인 반응을 보여주자. 그러면 아이가 마음의 문을 열게 된다. 예를 들어 아이가 말하는 것에 대하여 "아, 그랬니", "참 안됐구나", "아빠도 그럴 것 같아", "정말 좋았겠다", "저런, 매우 속상했겠구나!" 등 아이가 아빠로부터 이해받고 있다는 느낌이 들도록 반응을 보여준다.

| **아이 눈을 맞추고 이야기하자** |

아이가 하는 말에 집중하고 있다는 것을 표현하기 위해서 아빠는 사

랑이 듬뿍 담긴 시선으로 아이를 응시하면서 상체를 아이 쪽으로 약간 기울이면서 말하는 것이 좋다. 그리고 아이가 말할 때마다 아이의 말을 인정한다는 의미로 고개를 끄덕이면서 들으면 좋다. 상체를 뒤로 젖히고 이야기하거나 아이의 시선을 외면하거나 무언가 요구하는 듯한 눈빛으로 대화하면 아이에게 거부당한다거나 무시당하고 있다는 기분을 줄 수 있다.

| 질문은 관심의 표현이다 |

아빠들은 아이에 대해서 다 안다고 생각한다. 그래서 아이가 무슨 말을 하기 전에 지레짐작으로 판단하고 말하는 경우가 많다. 그러나 그럴 경우 아이들은 더욱 위축되어 마음을 열지 않게 된다. 아빠들은 미리 판단하지 말고 아이를 잘 알기 위해 노력하는 모습을 보여야 한다. 아이에 대해 잘 모르면 먼저 아이에게 질문을 해서 아빠가 자기 말에 관심이 있다는 것을 알게 해줄 필요가 있다. 아이에 대해서 정확히 아는 것은 결국 공감 수준도 넓어지게 한다.

| 선입견과 편견을 버리고 들어라 |

아빠는 아이를 판단할 때 아이의 과거의 생활 모습을 가지고 말하려고 한다. 그말인즉슨 아이의 현재의 모습, 변화하고 성장된 모습을 인정하지 않는다는 말이다. 그러면 아이들은 숨이 막혀 한다. 아이의 마음의 문을 열기 위해서는 지금까지 가진 선입견을 버리고 지금 '현재'의 아이를 보려고 노력해야 한다. 아이의 결점, 문제점보다는 감춰진 장점, 잠재력을 찾으며 아이의 말을 들어주어야 한다.

| 아이를 이기려고 하지 마라 |

아빠는 자신이 왜 아이와 대화를 하고 있는지 늘 염두에 두고 자기감정에 빠지는 일이 없도록 해야 한다. 아이와 대화를 하면서 마음에 들지 않는다고 해서 화를 내거나 훈계를 해버리면 아이는 마음의 문을 닫게 된다.

아이의 이야기를 비판 없이 잘 듣는 것만으로도 아이의 마음을 열게 하고 아이에게 솔직한 심정과 문제를 털어놓게 할 수 있다. 심리치료나 상담과정에서도 내담자의 이야기를 들어주는 것만으로도 문제가 해결되는 경우가 많다. 이것은 무엇을 의미하는 것일까? 말하자면 무조건적인 수용이 마음을 열게 한다는 것이다. 아이들은 누구나 자신이 하고자 하는 말을 하고 나면 마음이 편안해지고, 이야기를 하면서 스스로 문제를 해결해갈 수 있는 자신감도 생긴다.

아이의 마음을 읽어주는 10가지 대화 기술

1. 서로 헤어져 있다가 만날 때 미소로 맞는다.

2. 피곤하거나 감정적으로 흥분해 있을 때 심각한 주제의 이야기는 피한다.

3. 아이가 진정으로 하고 싶은 말을 할 때까지 인내하는 마음으로 기다린다.

4. 말과 표정이나 몸짓으로 전달하는 메시지가 서로 일치하도록 노력하고 이야기한다. 중간 중간에 "알아", "이해해", "그래"와 같은 말로 동의를 표현해준다.

5. 아이가 좋은 일을 했을 때 칭찬해주고 아빠의 기쁜 마음을 말로 표현한다.

6. 아이의 말을 잘 이해하지 못했거나 의도를 깨닫지 못했을 때는 다시 한 번 말해줄 것을 요청한다.

7. 말을 끊지 않고 끝까지 들어준다. 대화 내용이 하찮은 것일지라도 귀하게 여겨주는 것이 건강한 대화의 기본이다.

8. "그건 옳지 않아", "어떻게 그런 생각을 하지?" 등의 말은 금물이다. 부정적인 말을 하려는 충동을 억누른다.

9. "왜…"로 시작하는 문장을 사용하지 않는다. "왜 늦었니?", "왜 그것밖에 못하지?" 등의 질문은 "~때문에", "글쎄, 모르겠어요"라는 결실 없

는 대화로 유도하게 된다. 그러나 "왜" 대신에 "무슨"이라는 의문사로 바꾸어 질문하면 훨씬 부드럽고 효과적인 대화를 할 수 있다. "무슨 일이 있었던 모양이구나"로 대화를 이끌어보자.

10. "사랑해", "아빠는 네가 자랑스럽다" 등과 같은 사랑을 전하는 작은 메모를 식탁 위나 거울에 붙여두는 것도 좋다.

아이가 좋아하는 아빠, 무엇이 다른가

아이에게 좋은 대화 상대가 되어 준다는 것은 아이가 언제든지 자신의 이야기를 하고 싶은 상대가 된다는 것을 의미한다. 아빠가 훌륭한 대화 상대가 되려면 우선 아이의 마음을 짐작할 수 있어야 한다. '아이가 왜 대화를 하려는지', '무엇을 원하는지', '기분은 어떤지'를 알아야 한다. 그래야 아빠도 대화의 방향을 어떻게 끌고 갈 것인지에 대해서 감을 잡을 수 있기 때문이다. 아이의 마음을 모르고 대화를 하면 아이가 원하지 않는 일방적인 대화가 될 수 있다. 그러면 아이가 좋아하는 아빠들은 어떤 대화 습관이 있는지 알아보자.

| 칭찬을 아끼지 않는다 |

사람은 누구나 자신을 칭찬하는 사람을 좋아하게 마련이다. 따라서 아이들에게도 칭찬을 아끼지 말아야 한다. 아이를 칭찬하는 것은 곧 아이의 장점을 발견하는 일이기 때문에 나를 칭찬하는 일과도 같다. 한눈에 잘하는 것이 없어 보이는 아이들도 찾아보면 한두 가지 장점은 있게 마련이다. 그것을 발견해 진심어린 말로 칭찬을 해주면 아이들은 자신이 인정받고 있다고 생각해서 즐거워한다. 그렇다고 억지로 거짓 칭찬을 하는 것은 아이와의 관계를 더 뒤틀리게 할 뿐이다. 상투적이고 무조건적으로 하는 칭찬은 오히려 아이가 부담을 느끼거나 허영심을 가지게 할 뿐 바람직한 태도를 길러주는 데 도움이 되지 않는다.

| 대화의 룰을 지킨다 |

좋은 대화에는 일정한 규칙이 있다. 혼자서 대화를 독점하는 것은 좋지 않다. 아빠가 아이의 말을 가로막지 않으며, 아빠가 자신의 의견을 제시할 때는 아이에게 반론할 수 있는 기회를 주어야 한다. 또한 아이가 듣지 않는다고 해서 아빠 임의로 화제를 바꾸지 않도록 해야 한다. 대화를 하는 도중에는 아이의 표정도 잘 살펴야 한다. 아이의 얼굴이 시무룩하다거나 아빠의 시선을 피하거나, 몸을 산만하게 움직이는 것과 같은 행동에 예의주시하면서 원인이 무엇인가를 유추해보아야 하기 때문이다. 아이의 행동은 말보다 아이의 마음을 더욱 정확하게 표

현하는 경우가 많다.

    아이가 좋아하는 것은 너무 간단한다. 자신을 이해해주는 것이다. 그러나 아빠는 모든 것을 다 안다고 생각하는 부모의 입장에서 대화를 하려고 한다. 그럴수록 아이와의 거리감만 커지게 되고 이런 분위기에서의 대화는 오히려 아이들의 반감만 사게 된다.

아이의 눈높이에서
말하고 있는가

아이와 아빠의 대화를 들어보면 대부분 아빠들은 항상 훈계하려 하고, 아이는 변명하려는 패턴이 보인다. 그러다 보면 서로의 생각과는 전혀 다른 지점에서 대화를 하기 때문에 오히려 아이는 마음의 문을 닫게 된다. 아이들의 마음을 열려면 아이의 말을 어른의 입장에서 받아들이지 말고 아이의 눈높이에서 듣고 생각해야 한다. 어떠한 말이든 아이의 입장에서 그럴 수밖에 없는 이유를 찾으면 대화가 자연히 부드럽게 진행될 수 있다.

| 아이들만의 세계를 인정하려는 노력이 먼저다 |

아무리 어린 아이라도 자신의 결점을 들추어내서 고치라고 명령한다

면 그 말을 기쁘게 받아들여 실천할 수 있는 아이가 있을까. 어른이라고 해도 아마 받아들이기 힘들 것이다. 아무리 좋은 뜻으로 말했다 해도 아이가 충고를 듣는다는 것, 더구나 명령조의 충고를 듣는다는 것이 그렇게 즐겁지는 않을 것이다. 이처럼 훈계하거나 설명하려는 말투는 교육 효과도 낮을 뿐더러 오히려 역효과가 나기 쉽다.

아이들의 입장에서 대화를 진행하려면 먼저 아이를 하나의 인격체로 대우해준다. 아이도 똑같은 사람이다. 어른에게는 어른의 세계가 존재하듯이 아이에게는 아이들만의 세계가 존재한다. 그러므로 아이들의 세계를 인정해주고 같이 공감해주어야 한다.

아빠가 아이들을 있는 그대로 받아들여 하나의 인격체로 인정하면서 진심으로 걱정하고 있는 느낌을 전달하면 아이는 차차 아빠 말에 귀 기울이게 될 것이다. 예를 들면 아이가 다쳐서 울음을 터뜨릴 때 "뚝 그쳐! 울면 바보야!"라고 어린아이처럼 달랬을 때보다는 "많이 아프겠다"라며 아이를 하나의 성숙한 인격체로 대하면서 아이의 아픔을 알아주면 울음을 더 빨리 그친다고 한다.

| 아빠 표현에 따라 완전히 달라지는 아이의 반응 |

아이는 아빠의 표현에 따라 반응이 완전히 달라진다. 집에 늦게 왔다고 무작정 혼내면 잘못했다고 생각하기보다는 일단 반항부터 하지만 마음 졸이며 무사히 돌아오기를 간절히 바랐다는 마음을 표현하면 아이들은 감동을 받는다. 어떤 표현은 반발심을 일으키게 하고, 어떤 표현은 자신의 잘못을 깨달아 자신의 행동을 고쳐야겠다는 생각의 변화를 갖게 한다.

아주 가까운 사람들끼리는 굳이 속마음을 이야기하지 않아도 서로 통할 것이라는 착각이 가끔은 오해를 낳는다. 표현하지 않으면 어느 누구라도 내가 무엇을 원하는지 정확히 알 수 없다. 특히 아이는 어리기 때문에 표현하지 않는 아빠의 마음을 알아서 헤아리기란 당연히 힘들다. 예를 들어 세수를 하지 않으려고 하는 아이에게 "그래 알았어"하고 두루뭉술하게 대꾸하기보다는 "세수하면 옷도 젖고 축축해져서 힘들지? 아빠랑 같이 해볼까?"처럼 구체적으로 아이의 마음을 읽어주는 것이 좋다. 자신의 마음을 마음대로 표현할 수 있고, 공감받고 있다고 생각하는 아이는 "힘들어도 세수는 해야 한다"는 이미 알고 있던 사실을 다시 되새김질 할 수 있게 된다.

이야기를 한 후에는 사랑을 표현하는 스킨십으로 마무리하자. 사랑스러운 스킨십을 통해서 아이들에게 아빠가 자신을 진심으로 사랑하고 있다는 신뢰감을 주도록 한다. 어릴 때 스킨십을 많이 해줄수록 따뜻한 마음을 가진 성인으로 성장할 확률이 높아진다.

★ Tip 아빠의 한마디 ★

아이와 대화할 때는 아이를 있는 그대로 인정해주고
같이 공감해주어야 한다.

아이 : 아빠 왜 당근을 먹어야 돼?
아빠 : 무슨 뚱딴지 같은 소리야. 당근을 안 먹으면 안 되지.
아이 : 정말 먹기 싫단 말이야.
아빠 : 얼마나 먹었다고 벌써 이 난리야.
아이 : 매일 이걸 어떻게 먹어!
아빠 : 말이 많다. 어서 먹어. 투덜대는 시간에 다 먹었겠다.
아이 : 아, 먹기 싫어요.
→ 하기 싫은 것을 억지로 하라고 하면 오히려 아이에게 반감만 사게 된다. 이렇게 되면 아이와 대화가 단절되기 쉽다.

아이 : 아빠, 왜 당근을 먹어야 해?
아빠 : 우리 수현이, 왜 당근을 먹어야 하는지 궁금한 모양이네.
아이 : 응, 맛없고 먹기 싫은데 왜 먹어야 하는지 몰라.
아빠 : 당근이 맛이 없어 먹기 싫었구나.
아이 : 정말 먹기 싫어. 이렇게 맛없는 걸 먹느니 그냥 안 먹을래.
아빠 : 당근 먹느라 많이 힘든가 보네.
아이 : 응, 정말 힘들어.
아빠 : 수현아! 예뻐지고 싶다면서? 예뻐지려면 당근 같은 채소가 최고인데….
아이 : 아, 그래요? 그럼 먹을게요.
아빠 : 그래 우리 수현이, 당근 잘 먹는 거 보니까 아빠 마음이 뿌듯하다.
→ 아이의 입장에서 아이가 무엇을 원하는지를 알고 아이 중심으로 맞추어서 말하는 것이 좋다.

아이와 보내는 시간을
먼저 확보하라

아이와 이야기할 때는 분위기 또한 중요하다. 기분이 좋아야만 즐거운 대화가 이루어지기 때문이다. 아이에게 가족이 함께 있으면 참 즐겁다는 느낌을 준다면 그야말로 대화하기에 최고의 분위기가 된다. 즐거운 시간을 함께 보내는 데 중요한 것은 시간의 양이 아니라 '질'이다. 같이 있는 시간이 짧더라도 아이가 행복하다고 느낀다면 아이는 아빠와 보내는 시간을 기다릴 것이고, 아빠와 같이 하는 시간이 부담된다면 당연히 아이는 아빠를 피하게 될 것이다.

| 잠깐이라도 아이와 시간을 보내는 습관을 들이자 |

아이와 즐거운 시간을 가지려면 우연히 만들어지는 상황만 기다리는 것이 아니라 계획이 필요하다. 아빠도 즐기고 아이도 즐길 수 있는 일을 잠깐이라도 함께 하면서 즐거운 시간을 보내도록 계획을 세워야 한다. 가족 모두 함께 하는 시간을 마련하기가 어렵다면 엄마와 아빠가 교대로 각기 아이와 즐거운 시간을 보낼 계획을 세울 수도 있다. 잠자리에 들기 전은 아이와 이야기하기 좋은 타이밍이다. 중요한 점은 아빠와 아이가 함께 즐거운 시간을 가지려고 계획하고 노력하고 있다는 것을 아이들이 알게 해야 한다는 것이다.

가족 모두가 즐겁게 시간을 보내기 좋은 기회가 바로 가족 여행이다. 더욱이 TV와 게임에 중독되어 있는 아이들에게 여행은 자연과 친해질 수 있는 특별한 기회가 된다. 가족 여행은 한 공간에 함께 있는 시간이 많아져 자연스레 대화할 시간이 많아진다. 주의할 점은 아이들이 원해야 한다는 것이다. 아빠는 아이와 함께 여행을 가고 싶지만 아이가 전혀 호응하지 않는 것은 흥미를 느끼지 못하기 때문이다. 아이의 자발적인 참여를 유도하지 않고 강제로 데려간다면 좋아하기는커녕 내내 짜증을 낼 것이라는 것 또한 유념하자.

| 아이가 좋아하는 것을 함께 하며 이야기하자 |

아이가 좋아하는 것을 같이 하면 자연스럽게 대화를 이어갈 수 있다.

예를 들어서 블록을 쌓고 있는 아이에게 "승호야! 뭘 만드니? 아빠도 같이 하자"라고 하면 아이는 자기가 하고 싶은 일에 대해서 아빠가 관심을 가지는 것을 기뻐하며 즐겁게 대화에 참여하게 된다. 아이를 잘 관찰하여 아이가 좋아하는 것을 알아두자. 아이가 좋아하는 일을 할 때 동참하면 자연스럽게 대화할 수 있다.

아이와 즐거운 시간을 가져야 한다고 해서 주변 환경만 신경쓰는 것으로는 부족하다. 아이에게 따뜻한 아빠가 되는 것도 아이의 마음을 여는 중요한 요인이 된다. 가난한 아이들과 평생 함께 살다간 돈보스꼬 신부는 "아이들을 사랑하는 것만으로는 부족합니다. 그들이 사랑받고 있다는 것을 느끼게 해야 합니다"라고 하였다. 이처럼 사람은 누군가에게 사랑받고 싶어 하고 또 이해받고 싶어 한다. 특히 아이는 아빠로부터 소중하게 대우를 받고 사랑을 받고 싶어 한다. 아이는 아빠의 따뜻한 사랑을 느낄 때 삶에 대한 의욕이 생기고 삶의 기쁨도 누리게 된다.

아이의 말 속에 숨은
아이의 마음

아이들은 자신이 불리한 상황에 놓이거나 어려움에 처할 경우, 거짓말을 하거나 말을 돌리기도 한다. 극단적인 예를 들자면 성폭행을 당한 아이가 조사를 받을 경우, 불안한 상황에서 자신의 입장을 이야기해야 하는 일이 반복되면 사실을 번복하거나 자꾸 다른 말을 하곤 한다. 그래서 증거 불충분으로 가해자 처벌이 어려워지는 경우도 많다. 이렇듯 아이들의 말은 그 말 속에 숨은 뜻을 짐작해야 할 때가 많다.

아이들이 순간적으로 내뱉는 말에도 다 의미가 있다. 아이와 대화를 할 때에는 아이의 말이라고 그냥 넘겨버릴 것이 아니라 왜 그런 말을 했는지 생각해보아야 한다. 아이들의 말은 보고, 듣고, 느끼고,

생각하고, 경험한 것을 온몸으로 받아들여 거르고, 다듬어서 소리로 나온 것이기 때문이다.

| **말보다는 표정, 몸짓, 말투가 더 많은 것을 말할 때가 있다** |

아이가 표현한 말의 숨은 뜻을 정확히 파악하는 데 도움이 되는 것이 바로 아이의 비언어적인 행위를 분석하는 것이다. 비언어적 행위는 언어 외에 모든 물리적 방법의 커뮤니케이션으로, 보디랭귀지라고도 한다. 보디랭귀지를 우리말로 하면 '몸 말'인데, 세분화하면 태도, 자세, 제스처, 표정, 시선 등으로 나눌 수 있다. 그것은 듣기보다는 볼 수 있는 교류의 일부다. 머리를 끄덕이는 것, 자리를 내어주는 것, 주먹을 쥐는 것, 팔을 잡아주는 것, 손가락을 돌리는 것, 무겁게 숨 쉬는 것, 식은 땀을 흘리는 것 등이 모두 비언어적 행동 형태다. 말의 내용보다는 목소리의 강약과 떨림, 시선, 제스처, 억양, 표정, 자세 등에 보다 많은 내면적 정보가 있다는 것을 인식하고 주의 깊게 보아야 한다.

| **손톱을 물어뜯는 아이** |

시도 때도 없이 손톱을 물어뜯는 아이는 마음이 심란하거나 불안정하기 때문에 그런 행동을 하는 것이다. 어떤 일에 대해 재미나 흥미를 느끼지 못하기 때문에 자기 신체를 가만히 두지 못하고 만지작거리는 것이다. 아이는 집안 분위기가 어색하거나 친구들과 잘 어울리지 못한

다고 느끼면서 마음이 불편하고 불안해진다. 그럴 때는 다음과 같은 말을 하면 아이의 불안을 줄여줄 수 있다.

- "윤재야! 지금 마음에 안 드는 게 있구나. 아빠가 도와줄게. 말해봐."
- "희선아! 지금 다른 거 하고 싶구나. 뭘 하고 싶니?"
→ 아이가 정서적으로 불안정할 때 아빠가 마음을 알아주면 아이는 자신을 인정해준다고 생각하게 되어 불안감이 줄어든다.

| 돌아다니면서 밥 먹는 아이 |

식탁에 밥을 차려놓으면 한 숟가락 먹고 돌아다니다가 다시 와서 밥을 먹는 아이는 대부분 편식을 하거나 음식이 먹기 싫어서 그렇게 행동하는 것이다. 산만한 성향을 가졌거나 입이 짧은 경우에도 그럴 수 있다. 그동안 그럴 때마다 엄마 아빠가 쫓아다니면서 먹였기 때문에 습관이 되어 밥은 식탁에 앉아서 먹어야 한다는 개념이 잘 서 있지 않을 수도 있다. 그럴 때는 이렇게 말하면서 아이의 식사 습관을 고쳐보자.

- "윤재야! 키 크고 싶다며. 이거 먹으면 키 크는데, 안 먹을래?"
- "희선아! 이거 먹으면 네가 좋아하는 동화책 읽어줄게."
→ 아이의 행동을 직접 문제삼기보다는 아이가 좋아하는 일을 해

줌으로써 아이의 문제행동을 줄이는 것이 좋다.

| **구석을 좋아하는 아이** |

구석에 숨어서 노는 것을 좋아하는 아이는 자기만의 시간에 어떤 방해도 받지 않기를 원하는 것이다. 특히 이런 아이들은 다른 사람이 자기를 계속 보고 있는 것에 대해 부담을 느낀다. 내성적이고 두려움이 많은 아이가 이런 성향을 보일 확률이 높다.

- "윤재야! 아빠랑 (아이가 좋아하는 것)~을 같이 할까?"
- "희선아! 아빠가 네가 좋아하는 인형 사 왔다."
→ 내성적인 아이들이나 어울리기를 싫어하는 아이에게는 따뜻한 관심이나 애정을 표현해서 참여의 기회를 주는 것이 좋다.

아이와의 대화에서 눈높이를 맞추는 것만큼 중요한 것은 바로 아이의 말 속에 숨은 아이의 마음을 찾는 것이다. 사람은 누구나 자기를 알아주는 사람을 위해서 무엇이든지 하게 된다. 아이도 아빠가 자신의 마음을 알아준다고 생각할 때 아빠가 원하는 행동을 하게 된다. 아이의 행동을 보고 아이가 무엇을 원하는지 아이의 입장에서 말해보자. 그러면 아이는 바로 아빠 편이 될 것이다.

아빠와 대화를 피하는 아이,
어떻게 해야 할까

아빠와 대화를 피하는 아이들은 아빠와의 대화가 좋은 기억으로 남아 있지 않기 때문이다. 아이의 마음의 문을 열려면 시간을 두고 기다려야지, 무작정 대화를 요구해서는 안 된다. 아이가 주눅이 들어서 더욱 대화가 어려워진다. 그렇다면 말을 하지 않는 아이에게는 어떤 식으로 접근해야 할까?

| 서두르지 마라 |

먼저 아이의 눈을 쳐다보며 아빠의 걱정되는 마음을 전한다. "우리 소라가 요즘 시무룩하니까 아빠는 무슨 일이 있나 궁금하기도 하고 걱정도 되네"라는 식으로 대화를 시작하는 것이 필요하다. 아이가 대답을 하지 않더라도 아이를 비난하거나 답을 요구해서는 안 된다. 예를

들어 "너 계속 아빠한테 말 안 할 거니? 말 안 할 거면 인상이라도 쓰지 말던가. 하루 종일 부어 있으면 아빠 속이 편하겠어?"하며 비난하거나 "말하기 싫으면 그만 둬"하며 냉정하게 말하는 것은 좋지 않다.

아이가 말하고 싶지 않아 하는 마음을 존중하되 "마음이 바뀌면 언제든지 아빠에게 말해. 아빠는 언제나 소라의 말을 들을 준비가 되어 있으니까. 아빠의 도움이 필요하면 언제나 말하렴. 아빠는 기다릴게"하고 물러서 주는 것이 필요하다. 이러한 기다림은 아이에게 아빠의 마음을 느끼고 자신의 감정을 정리할 수 있는 여유를 준다.

아이가 얘기할 경우에는 적절한 추임새를 섞어가며 대화를 들어주는 것이 필요하다. "아~ 그랬구나", "그런 일이 있었구나", "응, 그래"라고 반응해주거나 고개를 끄덕끄덕하는 것도 좋다. 아이는 이러한 반응을 통해 아빠의 관심과 사랑을 느끼고 자신의 말을 진심으로 들어주고 있다는 안도감을 느낀다. 얘기가 끝났을 때에는 아이에게 마음을 열어준 것에 대한 고마움을 표현해야 한다. "소라에게 그런 일이 있었는지 아빠는 몰랐었네. 소라야, 고마워. 아빠한테 솔직하게 얘기해줘서 아빠는 너무 기쁘구나."

혹여 아이의 고민이 생각하지 못한 큰일이더라도 아이 앞에서 불안해하거나 화를 내어서는 안 된다. 아빠가 감정적으로 동요할 경우 아이는 다시 마음의 문을 닫기 때문이다. 대화를 하지 않으려는 아이에게 대화를 시도하는 경우는 아이에게 시간을 주고 여유 있게 기다려야 하며 그 마음이 다시 닫히지 않도록 주의해야 한다.

| 아이가 입을 다무는 이유 |

지난 20년 동안 심리학자들이 밝혀낸 사실은 아이가 아빠에게 입을 다무는 것은 아빠가 무의식중에 습관적으로 내뱉은 말들이 아이에게 나쁜 기억으로 남아 있기 때문이라는 것이다. 아이에게 나쁜 영향을 미치는 아빠의 습관적인 말투는 아이에게 지시하고 강요하거나 명령하는 말투였다. 아이에게 마음의 문을 닫게 하는 구체적인 말투는 다음 표와 같다. 혹시 나도 우리 아이에게 이렇게 말하고 있지는 않은지 점검해보자.

　아이에게 지시하거나 명령하는 말투는 아이를 억누르고 개성을 잃게 만든다. 강요하고 지시하고 명령하는 말들을 지속적으로 듣다 보면 아이는 자신이 무능력하다는 것을 깨닫고는 행동을 고치기보다는 반항하기 쉽다. 경고, 위협하는 말투는 명령적 말투가 효과를 얻지 못했을 때 보다 강력하게 의사를 표현하는 방식이다. 이런 말투는 아이를 막다른 골목으로 몰고 가기 때문에 아이를 불안하게 만든다. 위험한 것은 이런 말투가 아이로 하여금 친밀감을 가져야 할 아빠에게 저항감과 적개심을 품게 한다는 것이다.

💬 아이에게 마음의 문을 닫게 하는 말투

구분	내용
강요, 지시, 명령의 말투	"방 좀 치워라.", "오늘 오후까지 반드시 이걸 다 해야 해.", "심부름 좀 갔다 와라.", "밥 먹을 때는 떠들지 마라.", "당장 그만 둬!", "입 닥쳐!", "가만히 있어.", "하지 말라니까."
경고, 위협의 말투	"너 그러면 혼날 줄 알아.", "제 시간에 안 오면 알아서 해!", "두고 봐.", "아빠 말대로 하는 게 좋을 걸. 안 그러면, 재미 없을 줄 알아."
당부, 윤리, 설교의 말투	"바르게 행동해야 한다.", "착하게 살아야 한다.", "부지런 해야 잘 살지.", "그렇게 살면 평생 고생한다.", "너도 이제 다 컸으니, 자기가 해야 할 일은 스스로 해야지."
비난, 질책의 말투	"도대체 넌 누굴 닮아서 이러는 거니?", "널 믿었던 내가 잘못이다.", "너 같은 자식 둔 적 없다."
조소, 비웃음의 말투	"울보.", "얼간이.", "멍청이."
추측, 해석의 말투	"거짓말 하는 거 다 알아.", "니가 그랬지?", "사실대로 말해. 시험 못 봤지?"
집요하게 물어보는 말투	"왜 이랬어?", "이야기를 해보라니까.", "그래서?"
충고하거나 이론적으로 설득하는 말투	"그런 일은 아빠와 의논해야 되는 거야.", "그렇게 하면 나중에 거지되는 거 알아 몰라?"
평가, 비판, 우롱하는 말투	"철들려면 아직도 멀었구나?", "그렇게 해서 나중에 어떻게 먹고 살래?"
둘러대거나 관심을 전환시키는 말투	"그럴 일이 좀 있어.", "넌 몰라도 돼."
비교하는 말투	"친구들은 저렇게 잘하는데, 너는 그 반만이라도 해봐라.", "○○은 공부도 잘하는데, 넌 왜 그 모양이니?"

윤리, 설교적인 행동을 요구하는 말 중에는 사실 어른들도 실천하기 어려운 것이 많다. 수천 번을 말한다고 아이를 변화시킬 수 있는 것은 아니다. 훈계하고 도덕적 행동을 요구하는 말투는 아빠가 늘 하는 소리라고 생각하여 아이는 한 귀로 듣고 한 귀로 흘리게 된다. 비난, 질책, 조소, 비웃음의 말투는 아이에게 씻을 수 없는 상처를 남긴다. 추측, 해석의 말투나 집요하게 물어보는 말투는 아이를 당황케 하고, 수치감을 갖게 하며 아빠가 부당하다고 느낄 경우 아빠와 대화하고 싶은 의욕을 상실하게 만든다. 충고하거나 이론적으로 설득하는 말투는 아이가 자신의 무능력을 깨닫게 되어 자신감을 상실할 수 있다. 평가, 비판, 우롱하는 말투로 이야기하는 것은 아이의 자존심을 다치게 하고, 아이를 반항적으로 만든다. 자신감을 잃게 만드는 것은 당연하며 심하면 자기 비하적인 아이로 성장하게 할 수도 있다. 둘러대거나 관심을 전환시키는 말투는 아빠가 곤란한 상태를 모면하려고 거짓말을 하거나, 거짓 약속을 하면서 둘러댈 때 하는 말이다. 이런 말투는 아이에게 불신을 준다. 다른 사람들과 비교하는 말은 아이로 하여금 수치심, 부끄러움, 시기심 등을 불러일으킨다.

| 긍정적인 한마디가 아이의 입을 열게 만든다 |

이러한 이야기를 습관적으로 듣고 자란 아이는 아빠가 자신의 문제에

관심이 없다고 생각하고, 자신이 불행하다고 느끼게 된다. 그래서 자신을 경멸하게 되고, 그때 아이들은 아빠에게 말대답을 하고, 반항하고, 투덜대고, 화를 내고, 고집을 부린다. 그리고 아빠를 향해 입을 닫는다. 따라서 아이에게 부정적이고, 단정적인 언어를 사용하기보다는 긍정적인 언어를 많이 사용하며 대화하는 것이 중요하다.

　아이는 아빠와의 긍정적인 대화를 통해서 "아! 우리 아빠가 나를 인정해주는구나"라는 생각을 하게 되고 부모에게 자신을 표현하려고 노력하게 된다. 조금만 더 아이 입장에서 생각하거나 조금만 완곡하게 돌려 말하면 아이와 한층 깊이 있는 대화의 장을 만들 수 있다.

미래를 꿈꾸는 아이로 키우는 자신감 대화법

세상을 바꾸는 아이로 키우는 창의력 대화법

인생을 즐기는 아이로 키우는 감성 대화법

세상에 꼭 필요한 사람으로 키우는 리더십 대화법

PART ★ 2

아이의 숨어 있는 잠재력을 끌어내는 아빠 대화법

공부를 못하는 아이들을 살펴보면 대체로 자신감이 없다. 자신감이 없으니 의욕도 없기 마련이다. 그래서 공부도 싫어진다. 아이들을 올바로 성장시키는 데 가장 중요한 것은 자신감을 심어주는 것이다. 잘하지 못할 것이라는 두려움이나 잘 모른다는 것 때문에 중도 포기하거나 시작조차 하지 않으려는 아이들이 너무 많기 때문이다. 이럴 때 아빠의 말 한마디는 아이에게 천군만마를 얻은 듯한 용기를 준다.

• chapter 1 •

미래를 꿈꾸는 아이로 키우는 자신감 대화법

아는 척과 잘난 척,
무조건 나무라는 것이 능사가 아니다

"우리 집에는 대따 큰 TV 있는데 너희 집엔 있어?", "나 이번에 홍콩 갔다 왔다", "어제 나는 호텔 가서 맛있는 거 먹었다". 아이들끼리 주고받는 대화를 듣다보면 흔히 들리는 말들이다. 이렇듯 아이들의 말은 많은 부분 자랑이 섞여 있다. 아이는 호기심과 자기 과시욕이 강하기 때문에 또래에게 자기를 과시하는 것이 습관으로 굳어지기 쉽다. 과시욕이 강한 아이는 학교에서 친구들의 미움을 받거나 따돌림을 많이 받는다는 연구 결과도 있다.

| 잘난 척, 아는 척 하는 말 속에서 아이의 잠재 능력을 발견하라 |

이런 아이들은 집에서도 '아는 척'과 '잘난 척'을 심하게 한다. 어떤 일

을 하고 그냥 넘어가는 것이 아니라 "나 잘했지?"라고 확인해야 직성이 풀린다. 결국 아빠에게 관심을 받고 싶고 잘했다는 말을 듣고 싶은 마음에서 하는 말이다. 이럴 때 무조건 아이에게 '겸손함'이라는 추상적인 가치를 가르치기 위해 "너 그러면 안 돼", "그런 말은 하지 않는 게 좋아" 하면서 아이의 잘난 척을 억눌렀다가는 아이가 정말 가져야 할 덕목인 자신감을 잃을 수도 있다.

아이의 '아는 척'과 '잘난 척'을 무조건 나무라기보다는 우선 아이가 왜 그런 말을 할까를 생각해보자. 정말 아무 생각 없이 심하게 아는 척하고 잘난 척 한다면 "친구들이 그러면 싫어하니까 자랑은 요만큼만 해야 하는 거야", "그건 정말 잘한 것이지만 남들에게는 이렇게 말하는 것이 좋아"라며 대화하는 방법을 알려주는 것이 좋다.

아이가 아빠에게 인정받고 싶거나 반대로 자신감이 없어서 아는 척하고 잘난 척한다면 아이의 '공치사'를 인정해주어야 한다. 자신을 알아달라는 뜻에서 아는 척하고 잘난 척 했는데 아빠는 그것을 알아주지 않고 혼내거나 묵살해버리면 아이는 아빠에게 인정받지 못한다는 생각에 남아 있던 자신감마저 상실해버리기가 쉽다.

아이들은 대화 속에서 '어떤 말을 해도 아빠가 나를 믿어주는구나', '내가 실패를 하거나 잘못을 해도 아빠가 다 이해해주는구나'라는 생각을 한다. 이러한 생각이 바탕이 되어 아빠에 대한 믿음을 가지게 되고, 아빠와의 정서적인 유대감이 생기는 것이다. 그리고 이러한 것들이 쌓여서 아이는 '나는 진짜 괜찮은 사람이야', '나를 믿고 의지하는 든든한 아빠가 있다'라는 자존감을 얻게 되어 무슨 일을 하든 매사에 자신감이 생긴다.

| 정트리오를 만든 엄마 |

정명훈 씨의 어머니 이원숙 씨는 7남매를 데리고 미국 시애틀로 건너가 한국 식당을 꾸려가며 아이들을 뒷바라지하여, 정명훈, 정경화, 정명화 세 남매를 세계적인 음악가 정트리오로 길러냈다. 그녀는 아이들의 잠재력이 무엇인가 관찰하는 과정에서도 아이 자신의 판단과 결정을 존중하여 기다릴 줄 아는 인내심을 가지고 있었다. 소위 아이들이 '아는 척'과 '잘난 척'을 하였지만 그것을 인정하고 격려하여 자신감을 갖게 한 것이다.

대다수의 부모가 아이가 나이가 어리다는 이유만으로도 아이의 판단력을 과소평가하기 쉬우나, 이원숙 씨는 아이의 결심을 기다릴 줄 아는 어머니였다. 그리고 아이가 결심을 하면 그 잠재력과 열정을 키우기에 가장 좋은 환경을 찾아주고자 노력하는 어머니였다. 그녀는 아이의 장점을 충분히 찾아내고 그것을 존중하고 인정해주었다. 아이들은 어머니의 인정으로 자신감을 얻고, 결국 오늘날 세계의 음악 트리오가 된 것이다. 아이들의 '아는 척'과 '잘난 척'을 무시하지 않고 그 속에서 아이의 잠재 능력을 발견하고 선택할 수 있는 기회를 만들어 성공하는 아이로 키운 것이다. 우리는 가끔 아이들의 빛나는 잠재력을 미처 알아보지 못하고, 그저 어떤 한 방향으로 아이들을 몰아붙여 '불운아'로 만드는 것은 아닌지 곰곰이 생각해볼 일이다.

★ Tip 아빠의 한마디 ★

아이에게 아침마다 또는 유치원이나 학교를 갈 때마다 이렇게 말해보자.
아이는 아빠의 말을 듣고 자신감을 갖게 될 것이다.

- "아빠가 언제나 응원하는 거 잊지 마."
- "넌 정말 아빠한테 소중하단다."
- "자, 힘내서 화이팅!"

역사 속 인물들의 도전정신을 이야기해주자

아이뿐만 아니라 사람이라면 누구나 비난이 두렵기 마련이다. 하지만 성인들은 비난을 받으면 충격도 받지만 나름대로 극복하는 방법을 알고 있다. 그러나 아이들은 비난을 받으면 심한 정신적인 충격을 받아, 긴장하고 불안해하기 쉽다. 아이에게 무심코 던지는 비난은 오히려 아이의 문제행동만 더 부추기나 자신감을 상실하게 만든다.

비난을 받아 자신감을 상실한 아이에게는 아이가 잘하는 점이나 좋아하는 점을 찾아 가족끼리 있을 때 아이가 편안히 이를 드러내도록 분위기를 만들어주는 것이 좋다. 그러기 위해서는 아이에게 관심을 가지고 아이가 잘하는 점이나 좋아하는 점을 알아내는 것이 중요하다. 이를 잘 알지 못하고 아이가 잘하지 못하거나 싫어하는 것을 시킨다면 아이는 좌절하고 점점 더 자신감을 잃을 것이다. 처음에는 아이들이 이런 분위기를 어색해 할 수 있지만 시간을 가지고 노력한다면 분명 아이는 잃었던 자신감을 다시 찾게 될 것이다.

| 역사 속 인물들의 이야기로 자연스럽게 도전정신을 심어주자 |

수많은 비난을 받았지만, 좌절하지 않고 끝까지 도전하는 삶을 살았던 역사 속 인물들의 일화를 들려주는 것도 아이가 비난을 두려워하지 않고 자신감을 가지게 하는 데 좋은 방법이다.

세계 최초로 전화기를 발명한 벨도 전화기를 발명하기까지는 수많은 고비를 넘겨야 했다. 그의 통신 실험이 성공했는데도 불구하고 사람들은 그를 정신병자라고 생각하였다. 직접 말해도 되는 것을 굳이 장난감 같은 기계를 만들어서 대화를 하려고 하였기 때문이다. 그렇지만 벨은 전화기를 발명하여 특허를 얻었다. 벨이 음성전화 기술 특허를 10만 달러에 팔겠다고 제안하자, 그 당시 세계 최고의 전신회사였던 웨스턴유니언 사장은 벨의 발명품이 장난감보다 못하다고 생각해서 일언지하에 거절했다. 그러나 벨은 좌절하지 않았다. 사람들의 수군거림에도 개의치 않고 꼭 성공할 것이라는 강한 자신감으로 자신의 이름을 딴 전화기계 제조회사를 차렸다. 결국 인류에게 전화라는 편리한 물건을 선보였고 그동안 들였던 연구비보다 몇

만 배나 더 많은 돈을 모을 수 있었다.

비행기를 발명한 라이트 형제는 훌륭한 싸움꾼이었다. 그 당시 사람들은 인간이 하늘을 난다는 것이 불가능하다고 생각하였다. 라이트 형제의 무모한 도전을 곱지 않은 시선으로 "미친 짓"이라고 비난하였다. 하지만 라이트 형제는 어떤 위협에도 굴하지 않았다. 논리적이지 않은 비난을 무시하였다. 발전적이고 건설적인 논쟁을 통해 초기의 거친 아이디어를 다듬고 구체적으로 형상화해 나갔다. 마침내 그들은 비행기를 만들어 하늘을 날았다.

이처럼 세상을 이끌어가는 사람들의 삶은 순탄하지 않다. 자신과의 싸움으로 힘들기도 하지만 주변의 수많은 비난에 힘들어하기도 한다. 한 광고에서도 말했듯 "남들과 다르다는 것은 시샘과 부러움의 대상이 된다." 남들과 다르다거나 남들보다 앞서면 사람들은 그를 가만 놔두지 않는다. 딴지를 걸거나 뒤에서 붙잡아 끌어 내리거나 심지어는 비난을 하거나 헐뜯어서 꼭 추락하는 것을 보고자 하는 사람들이 항상 존재한다.

남들의 시선 때문에 아이가 자신의 뜻을 굽히고 움츠러든다면 아빠가 아이에게 말해주어야 한다. 성공에는 비난이 함께 따른다는 것을 알려주고, 비난을 두려워하지 않도록 격려해야 한다. 아이가 잘하는 일이나 할 수 있는 일을 시킨 후 그 결과를 칭찬해주거나 아이의 그림을 벽에 걸어둔다거나 잘한 일을 찾아서 다른 사람들에게 말해주는 등 평소에 아빠가 할 수 있는 것들은 많다.

> ★ Tip 아빠의 한마디 ★
>
> 심부름을 한 아이에게 다음과 같이 말하면서 기뻐해준다.
> 아이의 잃었던 자신감을 다시 찾게 해줄 것이다.
>
> - "역시 우리 딸은 대단해."
> - "우리 승우는 착하기도 하지."
> - "우리 준수는 부지런하기도 하지."

포기를 모르는 아이,
아빠의 격려가 만든다

　　　　　　　　　　요즘 아이들은 부족한 것 없이 오냐 오냐 키워서 나약하다는 어른들의 걱정이 많다. 아이들을 강하게 키우기 위해서는 포기하지 않는 끈기와 강한 정신력을 길러주는 것이 중요한데, 그러기 위해서는 무엇보다 아빠의 격려가 필요하다. 아이가 어떤 것에 흥미를 느끼고 이를 해보려고 한다면 기회가 있을 때마다 끈기를 갖고 꾸준히 노력하도록 격려해야 한다. 끝까지 도전해서 성취감을 얻을수록 아이의 도전정신은 더욱 커지고 포기하지 않을 것이다.

　아이가 한 번 시작한 것을 포기하지 않게 하기 위해서는 "포기하지 마", "포기하면 안 돼"라고 명령하기보다는 "아빠는 끝까지 하는 동수가 보기 좋아", "힘들면 아빠가 도와줄게. 언제든지 말해"라고 아빠의 바람이나 기대감을 표현하는 것이 아이에게 따뜻한 격려가 된다. 아이들이 세운 목표에 도달하면 아이들은 성취감을 느끼고, 성취감은 더욱 자신감을 높여준다. 이렇게 쌓인 자신감은 기나긴 인생의 여정에 큰 자산이 된다. 어른이 되어서도 목표를 잃지 않는 삶을 살게 해준다.

방송에서도 자주 얼굴을 보였던 고승덕 변호사. 도대체 그의 본업이 무엇인지 궁금해하는 사람들이 많다. 그도 그럴 것이 고 변호사는 어떤 때는 변호사로, 어떤 때는 주식 전문가로 만날 수 있기 때문이다. 사람들은 그를 천재라고도 부른다. 서울법대 재학 중에 사법고시에 최연소로 합격하였으며, 외무고등고시는 차석, 행정고등고시는 수석으로 합격하여 고시 3관왕이 되었다.

고 변호사는 시대를 정확히 읽고 무엇이 시대를 주도할 것인가 즉, 트렌드를 정확히 분석하고 통찰하였다. 그래서 그는 사회의 주류를 이루는 트렌드를 예측하고 그 분야의 전문가가 된 것이다. 그는 법조인으로 만족하지 않고 증권이 사회의 관심사로 등장할 것이라는 예측을 하고는 증권에 대해 깊이 파고들어 증권업계에서도 고수로 통한다.

고 변호사는 자신의 성공요인을 "포기하지 않으면 불가능이란 없다"는 말로 대변한다. 불가능이 발생하는 유일한 순간은 바로 포기하는 순간이라는 것이다. 그는 "절대로 자신을 남들보다 뛰어나다고 가정하지 말아야 한다"는 충고를 전한다. 이 말의 의미는 자신이 남들보다 뛰어나도 자만하지 말고 그들과 나의 능력은 동일하다고 생각하고 남들보다 더 노력해야만 그들을 앞서갈 수 있다는 것을 의미한다.

인디언들은 비가 오지 않아 가뭄이 들면 기우제를 지낸다. 그런데 인디언들이 기우제를 지내면 꼭 비가 온다고 한다. 왜 이런 현상이 일어날까? 인디언들의 풍속을 연구하는 학자들이 연구한 바에 따르면, 그들에게 어떤 특별한 초능력이 있는 게 아니라 이들은 비가 올 때까지 기우제를 지낸다는 것이다. 말하자면 끝까지 해본다는 것이다.

결국 아빠가 아이에게 물려줄 수 있는 것은 아이를 포기하지 않는 사람으로 만들어주는 것이다. 인생이란 운동 경기와 비슷하다. 지다가도 이기는 것이 운동 경기다. 운동 경기의 극적인 감동은 역전승의 기쁨이라 할 수 있다. 지고 있다고 포기하면 정말 이길 방법이 없다. 그러나 언제나 상황은 달라질 수 있다고 믿고 포기하지 않으면 뒤집어질 수도 있다.

아이가 어떤 일을 하기를 두려워하거나 한 번 실패했다고 해서 포기하려고 할 때 아이의 마음을 이해한다는 듯이 말을 걸어보자. 아이는 아빠가 나를 혼내지 않고 오히려 격려하고 있다는 생각에 자신감을 얻고 다시 도전하게 될 것이다.

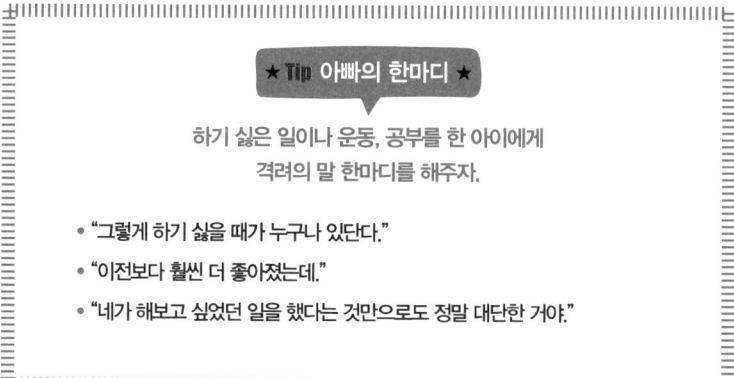

★ Tip 아빠의 한마디 ★

하기 싫은 일이나 운동, 공부를 한 아이에게
격려의 말 한마디를 해주자.

- "그렇게 하기 싫을 때가 누구나 있단다."
- "이전보다 훨씬 더 좋아졌는데."
- "네가 해보고 싶었던 일을 했다는 것만으로도 정말 대단한 거야."

자신감을 잃은 아이에게는
실패의 의미를 들려주자

아이들은 한 번의 실패로 마음을 크게 다친다. 초등학교 5학년인 선영이는 자타가 인정하는 우등생이었고, 반장인데다 교내외 각종 대회에서 상이란 상은 죄다 휩쓸었다. 선영이는 '학교의 자랑'이자, '집안의 자랑'이었다. 그런 선영이가 학교에서 한 선생님으로부터 발표가 적절하지 못했다는 가벼운 지적을 들은 후 급격히 표정이 어두워졌다.

사람들의 눈치를 살피기 시작하였고, 급기야는 자기가 잘할 수 있는 것만 하려고 하였다. 한마디로 기가 팍 죽었던 것이다. 아빠가 아무리 달래도 소용이 없었다. 한 번의 가벼운 실패가 소위 잘나가는 아이를 자신감 없는 아이로 만들어버린 것이다. 이처럼 아이들은 가벼운 실패 한 번으로도 자신감을 잃어버릴 수 있다.

| 실패를 통해 위대해진다는 사실을 알려주자 |

84년 생애 동안 무려 1,093개의 발명품을 남겼던 토머스 에디슨도 수없이 많은 실패 속에서 성공을 하였다. 어릴 때부터 그의 어머니는 수많은 실패를 거듭하고 좌절하는 에디슨에게 격려를 잊지 않았다. 그의 실패는 나이가 들어서도 끝나지 않았다. 육십이 넘어서도 실험에 열중하다 연구소를 불태워 모든 것을 잃은 것이다. 그러나 그는 좌절하지 않았다. 최악의 상황에서도 그를 다시 일으켜 세운 원동력은 어린 시절 자신을 끊임없이 믿어준 어머니의 든든한 격려였다. 이처럼 격려는 아이를 평생 자신감 있는 사람으로 살아가게 만든다.

〈성공시대〉라는 TV 프로그램이 있었다. 〈성공시대〉에 출현한 주인공이 189명이었는데, 이들 모두에게는 공통점이 하나 있었다. 출연자들 모두 자신이 성공하기까지 겪었던 절망적인 실패담을 들려주었다는 것이다. 이 프로그램은 결국 성공한 인생을 살려면 한 번 이상은 꼭 실패해봐야 한다는 교훈을 전해 준다. '실패는 성공의 어머니'라는 말이 결코 틀린 것이 아니다. 실패한 이유를 제대로 분석했을 때 성공할 수 있는 확률 또한 높아지기 때문이다. 따라서 아이들에게 실패는 한 번쯤 겪는 경험이며, 값진 성공일수록 실패 또한 크다는 것을 알려주어 실패가 두려워 할 대상이 아니라 한번쯤 겪어야 하는 일상이라는 것을 깨닫게 해야 한다.

　미국의 전설적인 홈런타자 '베이브 루스'는 1,330번이나 삼진을 당했지만, 우리는 그가 날린 714개의 홈런을 기억할 뿐이다. 농구 황제 '마이클 조던'은 초등학교 때 농구를 시작해 열두 살에 MVP 자리에 올랐으나 고등학교 때는 학교 대표팀에서 탈락하기도 했다. 하지만 그는 포기하지 않고 노력하였기 때문에 지금의 마이클 조던이 된 것이다. 영국의 소설가 '존 크레'는 지금까지 564권의 책을 출판하며 대단한 저력을 가진 작가라는 평을 받고 있다. 하지만 그 화려한 기록 이면에는 수많은 출판사에서 753통의 거절 응답을 받았지만 포기하지 않았던 그의 도전정신이 있었다.

　또 1988년 록큰롤 명예의 전당에 오른 인기 가수 '다이애나 로스'는 9집 앨범을 낼 때까지 히트곡이 단 한 곡도 없었지만 포기하지 않고 끊임없이 도전하였고 결국 팝의 명곡 'Endless Love'를 불렀다. 오늘날 오락 산업의 대부이자 디즈니랜드의 설립자인 '월트 디즈니'는 다섯 번이나 파산을 경험했지만 끊임없이 도전하여 오늘날의 명성을 얻게 되었다. 결국 성공한 사람들은 실패를 두려워하지 않고 도전했기 때문에 자신이 원하는 목표에 도달할 수 있었던 것이다.

　우리 아이들에게도 실패는 당연하게 겪어야 할 경험이라고 인식시켜 실패를 두려워하지 않도록 해야 한다. 실패를 두려워하거나 실패해서 좌절하고 있는 아이를 격려해보자. 점점 자신감으로 당당

해져가는 아이를 발견할 것이다. 아빠가 아이에게 부정적으로 단정하듯이 말하면 아이는 아빠의 의도와는 달리 그렇게 되는 경향이 많다. 따라서 다음과 같이 절대로 부정적으로 단정하는 듯한 말은 하지 말아야 한다.

- "뭐 하나라도 제대로 할 수 없니?"
- "안 봐도 뻔하다. 그럴 줄 알았어."
- "아빠가 그렇게 하지 말라고 그랬지."
- "그럼 그렇지. 네가 하는 게 그렇지. 일 낼 줄 알았다."
- "생각해 낸 것이 겨우 그것밖에 안 되니?"
- "네 생각처럼 쉽지는 않을 거다."
- "끝내지 못할 일은 시작도 하지 말아야지."
- "그럴 줄 알았다. 제대로 하는 게 없구나."

실패를 두려워하지 않게 하려면 아빠가 결과에 연연하지 않는다는 것을 알려주어야 한다. 이러한 아빠의 말은 아이의 두려움을 없애는 데 도움이 된다.

- "누구나 실수는 하기 마련이야."
- "처음이라 힘들었지만 몇 번 해보면 쉬워질 거야."

- "슬퍼하지 마. 아빠가 여기 있잖아."
- "아빠는 항상 너를 믿는단다."
- "네가 해내지 못했지만 노력했던 그 과정만으로도 정말 장하다."
- "그러니까 넌 내 딸(아들)이지."

자신감 있는 아이로 키우는
아빠의 한마디

"네가 잘하는 게 도대체 뭐니?" "그럴 줄 알았다니까." "넌 도저히 어쩔 수 없는 애구나." 단지 아빠라는 이유로 하루에도 몇 번씩 아이에게 무심코 내뱉는 수많은 언어의 씨앗들이 아이에게 끼치는 영향력을 생각해보면 섬짓하기까지 하다. 아이는 아빠 마음대로 움직이는 인형이 아니다. 아이들이 성장하는 과정에는 수많은 변수가 생기기 마련이고, 이에 따라 처음의 생각과는 전혀 다른 모습으로 성장하기도 한다.

| 작은 일에도 칭찬을 해주어라 |
아이가 새로운 일을 시도하려 할 때는 어른의 기준으로 무조건 못하

게 할 것이 아니라, 곁에서 지켜봐주면서 격려해주는 것이 중요하다. 아이의 기를 살려주기 위해서는 "넌 잘할 수 있어", "점점 좋아지고 있어", "괜찮아, 안 되면 다시 하면 돼!", "누구든 실패를 한단다. 그러니 걱정하지 마", "조금만 지나면 나아질 거야", "성공은 실패 없이 얻을 수 없어"라고 말해주면 좋다.

매일 한 가지 이상 잘한 행동에 대해서는 칭찬을 많이 해준다. 단순히 말만이 아니라 머리를 쓰다듬어 주거나 엉덩이나 등을 두드려 준다. 가볍게 안아주거나 놀란 표정을 지어 온몸으로 아이를 칭찬해 주어도 좋다.

아이가 비록 잘못을 했다 하더라도 감정적으로 얼굴을 붉히거나 무조건 크게 화내는 일은 삼가한다. 간혹 아이가 한 일에 너무 화가 날 때 잠시 자신의 감정부터 다스리고 아이를 대해야 한다.

| 비교하지 마라 |

형제나 친구, 친척과 비교해서 아이를 위축시키지 않는다. 사람은 누구나 다른 사람과 비교하는 것에 부담을 갖는다. 특히 남과의 부정적인 비교는 아이가 마음에 상처를 입기 때문에 때론 화가 나더라도 부정적인 비교는 하지 말아야 한다. 아이가 또래에 비해 어떤 부분에서 발달이 늦더라도 상심하지 않도록 잘하는 것을 찾아서 칭찬해주자.

카네기의 책《사람을 움직이다》에서는 부모의 말 한마디가 아이의 꿈을 키우는 데 얼마나 중요한지 다시 한 번 되새기게 해주는 일화가 등장한다. 나폴리의 한 공장에서 일하고 있는 소년이 있었다. 그는 성악가를 꿈꾸었다. 그렇지만 선생님은 그의 노랫소리를 듣고는 "바람 때문에 문이 삐걱거리는 소리 같구나"라며 가차 없이 그에게 재능이 없음을 선언해 버렸다. 하지만 그의 어머니는 달랐다. 그를 껴안고 칭찬했다. "넌 노래를 할 수 있어. 그리고 점점 더 잘하고 있잖아." 어머니의 칭찬과 격려에 그는 음악을 멈추지 않고 계속할 수 있었다. 그리고 그의 인생 또한 바뀌었다.

이 이야기의 주인공인 소년은 세계 최고의 가수라 불리는 '카루소'다. 그가 가난에 꺾이지 않고, 혹독한 훈련에 무릎 꿇지 않았던 것은 모두 어머니의 긍정적인 말 덕분에 자신감을 얻었기 때문이다. 자신감이 아이를 얼마나 변화시키는지 잘 보여주는 단적인 예다. 결국 자신감을 키워주는 어머니가 있었기에 큰 인물들은 어려서부터 큰 꿈을 가지고 긍정적으로 생각하는 습관을 가지게 되어 인생에서 성공할 수밖에 없었던 것이다. 꿈을 이루는 아이로 키우고 싶다면 이제 아빠가 나설 차례다. 오늘부터 성공한 위인들의 어머니처럼 격려 한마디를 잊지 말자.

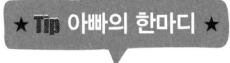

★ Tip 아빠의 한마디 ★

아빠의 격려 한마디에 아이는 자신이 인정받고 있다고 생각하게 되고 자신감이 한층 높아진다.

- "틀리면 어떠니? 틀려도 괜찮은 거야. 누구나 실수할 수 있는 거란다."
- "네가 정말 열심히 했으면 그것으로 충분한 거야."
- "너는 잘할 수 있어. 끝까지 한 번 해보는 거야."

지금껏 창의력은 열심히 노력해서 길러지기 보단 타고난 능력이고 그래서 다른 사고 능력에 비해 어렵고 복잡한 능력이라고만 생각했다. 그러나 아빠가 조금만 주의를 기울여도 일상에서 스치는 사소한 것으로부터 아이의 창의력을 키워줄 수 있다. 아이와 대화를 할 때 남들과 다른 생각을 갖도록 유도하는 것만으로 아이의 창의력은 성장한다.

• chapter 2 •

세상을 바꾸는 아이로 키우는 창의력 대화법

아이의 질문,
어떻게 대답할 것인가

내 아이가 생각하는 것은 뭔가 남달랐으면 하는 것은 모든 아빠들의 희망사항일 것이다. 아빠들이 이토록 간절히 바라는 창의력은 바로 사물에 대한 호기심에서 시작한다. 호기심은 자라나는 아이들에게 무척이나 중요하다. 호기심에서 창의력의 씨앗이 생겨나고, 다양한 질문을 통해 창의력의 싹이 돋아난다.

이때, 아빠의 역할이 중요하다. 아빠가 아이의 질문에 어떻게 대응하느냐에 따라 아이의 창의력이 쑥쑥 자랄 수도 있고 호기심 자체를 잃어버릴 수도 있기 때문이다.

호기심이 만들어낸 세상

2002년 10월 9일, 일본의 평범한 한 연구원인 다나카 고이치로는 세상을 놀라게 하며 노벨 화학상을 수상했다. 다나카는 노벨상 수상 기념 강연에서 "저는 대학에서 화학을 전공한 사람이 아닙니다. 그래서 역대 수상자 중에서 최고의 도전을 했다고 자부합니다"고 운을 뗐다. "나는 샐러리맨 기술자입니다. 머리가 뛰어난 것도 아니고, 지식도 충분하지 않습니다. 하지만 저는 호기심을 멈추지 않고 묵묵히 연구해 왔기 때문에 오늘의 영광을 얻었다고 생각합니다. 결국 호기심이 노벨상을 타게 한 것입니다"라고 하였다.

    인류 역사의 모든 발전은 호기심에서 시작되었다고 해도 과언이 아니다. 전화를 발명한 알렉산더 그레이엄 벨은 '왜 멀리 있는 사람과 이야기할 수 없는 것일까?'라는 호기심을 충족하려고 전화를 발명했고, 만유인력의 법칙을 발견한 아이작 뉴턴은 '왜 사과가 땅으로만 떨어질까?'라는 호기심을 가졌기 때문에 '만유인력의 법칙'을 발견할 수 있었던 것이다. 오늘날 세계적인 거부이자 '컴퓨터의 황제'로 불리는 빌 게이츠도 못 말리는 호기심광이었다. 남들은 컴퓨터가 뭔지도 모를 때 오직 컴퓨터에만 매달려 열세 살의 나이에 세계 최초로 소프트웨어 프로그램을 만들었다. 아인슈타인이 '호기심은 존재 그 자체'라는 말을 남겼듯 그는 "도대체 컴퓨터가 무엇인가?"를 알기 위해 밤을 새워가며 컴퓨터를 연구했고 훗날 최고의 컴퓨터 황제가 될 수 있었다.

| 아이의 질문에 항상 관심을 보여라 |

아이에게 스스로 생각하는 힘을 길러주기 위한 가장 좋은 방법은 질문을 많이 하게 하는 것이다. 아이가 질문을 많이 할수록 아이의 호기심은 커진다. 아빠가 아이의 질문에 답을 해주면 아이는 자신의 호기심을 자꾸 증폭시킨다. 그러나 아이의 질문에 반응하지 않는 아빠에게서 성장한 아이들은 시간이 갈수록 호기심이 사라진다. 호기심이 사라지는 순간 주변에 대한 모든 것에 큰 관심이 없어지게 되는 것이다. 지금껏 아이의 질문에 무관심하게 반응을 했다고 해서 포기할 필요는 없다. 오늘부터 다시 질문을 시작하면 된다. 호기심을 갖게 하는 질문을 통해 아이의 상상력과 표현력은 강화될 수 있다.

사람은 누구나 자신의 질문에 대해서 관심을 가져주는 사람에게 더 많은 말을 하려는 특성이 있다. 질문을 했는데 잘 들어주지 않거나 관심을 보이지 않으면 더 이상 말을 하지 않게 된다. 아이가 질문을 할 때는 이제 이렇게 답해주자. "그래, 그게 궁금했었구나. 어떻게 그런 생각을 했니?"

아이에게 질문을 많이 하게 하려면 질문을 할 때 칭찬을 해주는 것이 좋다. "그래, 참 좋은 질문이구나!", "아빠는 그렇게 생각 못했는데. 이런 생각을 하다니 정말 대단한데!" 이렇게 아이가 한 질문에 대해서 칭찬을 해주면 자신이 한 질문이 좋았다는 것을 깨닫고 아이는 더욱 질문을 많이 하게 된다.

| 아이의 생각을 뻗어나가게 하는 아빠의 대답 |

아이의 질문에 대답을 잘 해주는 것도 중요하다. 아이가 질문을 하면 바로 답을 알려주기보다는 "글쎄, 왜 그럴까?"처럼 다시 질문으로 되돌려주거나 "너라면 어떻게 할 것 같니?"처럼 적극적으로 아이의 생각을 물어보는 것도 아이의 호기심을 자극한다. 아이가 질문할 때 한 번에 명쾌하게 대답을 해주면 아이의 호기심이 그 상태에서 멈출 수 있다.

아빠의 질문은 아이의 호기심을 자극할 수 있도록 생각과 생각의 방향을 이끌어주는 것이 좋다. 아이의 호기심을 더욱 발전시키기 위해서는 아이의 사고를 자극하는 질문을 곁들이면 좋다. 그러기 위해서는 다음처럼 원인과 결과를 물으면 된다.

아이 왜 밤에는 잠을 자야 하나요?
아빠 만약 잠을 자지 않으면 어떻게 될까?

아이 황새는 왜 부리가 긴가요?
아빠 글쎄, 황새 부리는 왜 길까?

아이의 질문에 대해서 "응", "아니"로만 대답하는 것 또한 그리 좋은 답은 아닌데, 이러한 답변은 더 이상의 질문으로 이어지기가 힘들어 아이의 대화하고 싶은 마음이나 호기심을 단절시킨다. 아이의 호기심을 자극하기 위해서는 아이를 계속 생각하게 만들어야 한다. "아빠, 이거 하면 좋아?"라고 물었을 때 "응"이나 "아니"로 끝내지 말고 "그럼, 그건 아주 좋은 거야. 너도 한번 해볼래?"라는 식으로 열린 대화를 나누는 것이다. 열린 대화는 아이의 질문이 계속 이어지도록 하거나 사고를 자극하는 것이어야 한다.

| **어려운 질문은 함께 답을 찾아보자** |

당연히 아이가 묻는 것을 아빠가 다 알고 있기란 힘들다. 그럴 때는 무조건 모른다고 하지 말고 "아빠도 잘 모르겠구나. 우리 함께 찾아볼까? 아빠도 정말 그 답이 궁금한데?"라고 하며 아이의 질문에 답을 하고자 하는 노력을 보여주는 것이 좋다. 아이의 질문이 답하기 어렵고 다소 복잡한 것이라면 백과사전, 과학도감, 인터넷 등을 같이 찾아보고 알려준다. 아이는 아빠가 자신의 궁금증을 해결하기 위해 노력하는 것을 보면서 호기심을 한층 발전시킬 수 있으며 동시에 아빠에게 고마운 마음을 갖게 된다.

아이가 제일 좋아하는 것, 알고 있는가

이어령 교수가 쓴 〈일등을 시키려면〉이라는 짤막한 글이 있다. "자기가 좋아하는 일을 하면서 인생을 살아가는 사람이 가장 행복한 사람이다. 자기가 좋아하는 일을 할 때는 아무리 고생스러워도 비관적인 생각을 하지 않는 법이다. 글로벌 교육에서 중요한 것은 '무엇이 되고 싶다'보다 '무엇을 하고 싶다'는 꿈을 키워주는 것이다." 아이를 일등으로 만들려면 '무엇을 하고 싶다'는 꿈을 키워주라는 것이다.

아이에게 자신이 하고 싶은 일에 몰두하게 해주면 창의적 아이디어가 샘솟듯 쏟아져 나온다. 특히 일방적인 지시와 명령 속에서 자란 아이에게 하고 싶은 일을 하게 해주면 꽁꽁 묶여 있던 창의성이

출구를 찾으면서 술술 풀려나온다. 아이가 하고 싶은 일을 찾아서 그 일을 하게 해주는 것은 창의력을 높이는 데 무엇보다 중요한 요건이다.

아이들에게 가장 하고 싶은 일을 물어본 결과, 남자 아이들은 컴퓨터 게임 〉놀기 〉TV 보기 〉만화책 보기 〉운동 〉공부 〉댄스라고 답하였고, 여자 아이들은 놀기 〉TV 보기 〉컴퓨터 게임 〉만화책 보기 〉공부 〉댄스 〉운동 등으로 나타났다.

| **부모가 좋아하는 것이 아니라 아이가 좋아하는 걸 찾게 해주자** |

21세기 글로벌 리더에게 필요한 사고방식은 하나만 고집하는 수렴(收斂)적 사고가 아니라 확산(擴散)적 사고다. 확산적 사고는 문제에 대해 가능한 여러 답을 다양하게 내놓게 한다. 확산적 사고를 하는 사람들은 여러 가지 새로운 답을 허용하는 자유 응답 질문을 좋아하며, 이런 사람들은 창의적일 수밖에 없다. IQ 검사의 질문은 수렴적으로 생각하는 사람들에게 적합하도록, 창의성 검사는 확산적 사고를 측정하도록 제작된다는 것을 생각해보면, 확산적 사고의 의미를 좀 더 명확하게 이해할 수 있을 것이다.

아이가 확산적 사고를 하기 위해서는 부모는 아이가 하고 싶은 것을 할 수 있도록 해주어야 한다. 자녀가 하고 싶어 하는 일을 마음껏 할 수 있도록 지원해주는 것이 부모의 첫 번째 책임이며 의무다.

아이에 대한 부모의 이 같은 지원은 아이가 하고 싶은 것에 대한 호기심을 갖게 할 것이다. 아이가 하고 싶은 일을 하게 하되 아이들이 좋아하는 일에 대해서 대화를 나누면 창의성은 저절로 높아진다.

아빠 우리 공주는 뭐가 가장 좋아?
딸 응. TV 보는 게 제일 좋아요.
아빠 어떤 프로그램이 제일 좋은데?
딸 난 드라마가 제일 재미있어요.
아빠 드라마 중에서도 좋은 것은?
딸 연인들의 이야기가 나오는 거.
아빠 왜 그게 좋은데?
딸 나중에 저런 사람이랑 결혼하고 싶어.
아빠 어떤 남자가 좋은데?
딸 응. 멋있고, 재미있는 사람.
아빠 네 생각에 멋있는 건 뭔데?

딸과 아빠의 대화에서 보듯이 아빠는 딸이 좋아하는 것을 찾아내기 위해 대화를 계속 유도해 나간다. 좋아하는 일을 찾아주는 것도 창의성을 높이는 데 도움이 된다. 이때 질문은 아이의 사고를 자극하는 것이어야 하고, 답변을 찾는 과정에서도 창의력이 나타나도록 해야 한다.

잠들기 전, 아이와 주제를 정해놓고
이야기해보자

아이에게 글을 빨리 가르치려는 부모들이 늘고 있다. 이런 와중에 미처 살피지 못하는 부분이 있는데, 그것은 바로 글을 읽는 것도 중요하지만 더욱 중요한 것은 읽은 내용을 파악하는 것이라는 점이다. 문장의 뜻을 이해하지 못하면 줄줄 읽는다 해도 아무런 의미가 없기 때문이다. 아이가 이야기의 내용을 올바로 파악할 수 있는 능력이 생겼을 때 비로소 지식과 감동이 전달될 수 있다.

아이에게 '글자'가 아닌 '글의 의미'를 알게 하기 위해서는 아빠들의 주의 깊은 배려가 필요한데, 조금만 방법을 달리하면 아이에게 읽기의 진정한 즐거움을 느끼게 해줄 수 있다. 그중 하나가 아빠와 함께 같은 글을 읽고 서로의 의견을 말해보는 것인데, 이는 창의력을 높이는 데 큰 도움이 된다.

책을 읽은 뒤에는 대화를 통해 읽은 내용을 이해하고 되새기게 하고, 적절한 과제를 통해 아이가 책을 더 깊게 이해하도록 해주어야 한다. 책을 읽은 후 아이에게만 이야기를 시킨다거나 "네 생각이 틀려"라며 아빠가 생각한 답만 강요한다면 오히려 역효과가 생기니 아이의 생각을 존중하면서 대화해야 한다.

| 자기 전, 오늘 읽은 책에 대해 같이 이야기해보자 |

명문가로 불리며 수많은 정치가와 대통령을 배출한 케네디 가에서도 자녀와의 대화를 소홀히 하지 않았다. 케네디의 어머니 로즈 부인은 아홉 자녀를 두었는데, 그녀는 저녁 식사 시간을 아이들의 지적 훈련 시간으로 삼았다. 그녀가 아이들의 생각을 길러주기 위해 택한 방법은 식당에 게시판을 달아 두고 그날 뉴스를 신문에서 잘라 붙이는 것이었다. 그러면 아이들은 자연스레 그 뉴스를 접하고는 서로 의견을 주고받았다. 나이가 어렸던 아이들은 처음에는 어려워했지만 갈수록 형이나 누나를 본받아서 자신의 생각과 의견을 분명히 말할 수 있게 되었다.

로즈 부인은 아이들이 잠 잘 준비를 하며 이불 속에 들어가 있는 동안에도 아이들과 이야기하는 것을 멈추지 않았다. 잠을 자기 전

편안한 상태에서 어머니의 기대와 꿈을 이야기 하다 보니 결국 첫째는 대통령, 셋째는 법무장관, 넷째는 상원의원이라는 결실을 맺었다.

엄마와 형제들 간의 대화는 케네디 가 아이들의 성장에 많은 영향을 끼쳤다. 대화의 내용과 방법은 아이들의 인격이나 지혜를 성장시키는 데 결정적인 역할을 하였다. 아이들에게 말하는 기회를 더 많이 주거나, 깊이 생각해야 하는 질문을 던지는 것은 창의력을 키우는 좋은 동기가 된다. 이런 관점에서 아이와 같이 책을 읽고 그 책의 내용을 가지고 대화를 나누는 것은 그 어떤 것보다 좋은 방법이라 하겠다.

오늘부터 아빠가 우리 집의 로즈 부인이 되어 보자. 아이와 대화할 때는 로즈 부인이 했던 것처럼 지적 자극을 주어야 한다. 아빠가 아이에게 질문을 던져서 말하게 하는 것도 창의력과 표현 능력을 기르는 데 도움이 된다는 것을 명심하자. 아이와 함께 책을 읽고 생각을 나누다 보면 그동안 모르던 아이의 새로운 면을 발견하는 기쁨 또한 덤으로 얻을 것이다.

04
창의성을 쑥쑥 길러주는
언어 놀이

언어는 마술과도 같다. 최면술사는 언어로 상대를 깊은 꿈속으로 들어가게 한다. 언어에 그만큼 무서운 힘이 깃들어 있다. 말을 잘하는 사람, 생각을 잘하는 사람 중에는 적절한 단어를 잘 연상하고 사용할 줄 아는 사람이 많다. 말을 잘하는 사람은 슬플 때는 슬프게, 기쁠 때는 기쁘게 말하는 사람이다. 사용하는 언어가 생각을 만들어낸다. 언어는 모든 행동, 형태, 리듬, 색상을 이어가는 놀이 여행이다. 특히 창의력과 상상력을 키우는 데 언어는 너무나도 중요한 부분이다.

| 원인과 결과를 말해보게 한다 |

세상의 거의 모든 일에는 원인과 결과가 있다. 즉, 원인이 있어야 결과가 있다는 것이다. 대화에서도 원리가 무엇인지를 찾아내게 하면 아이의 사고가 발달하게 된다. 아빠에게는 아이의 말을 허투루 듣지 않는 세심한 귀가 필요한데, 아이의 말 한마디가 때론 많은 것을 말해주기 때문이다. 단순히 "이건 뭐예요?"라고 묻던 아이가 "이건 왜 그래요?"라고 묻기 시작하면 아이의 호기심이 왕성해졌다는 것을 뜻한다. 그럴 때 아빠도 아이에 맞게 대화 수준을 한 단계 발전시켜야 한다. 이제껏 단순하게 사물의 이름을 알려주는 대화에 그쳤다면 지금부터는 원인과 결과를 갖춰 이야기해주는 것이 좋다.

그러나 끝도 없는 아이의 질문에 일일이 대답해준다는 것은 엄청나게 힘든 일이다. 귀찮은 마음에 대충 얼버무리면 아이의 마음에는 여전히 궁금함이 남아 있게 되고, 아빠가 이것을 무시해 버릇하면 아이는 창의력과는 점점 멀어질 것이다.

| 사물의 특징을 익히게 하는 반대말 놀이 |

반대말은 서로 정반대되는 관계에 있는 말을 말하는 것으로, 사전적인 뜻으로만 생각하면 어렵지만 아이의 입장에서 생각하면 아주 간단하다. '크다', '작다'처럼 서로 비교될 만한 것들을 찾으면 되는 것이다. 반대말을 찾는 데 익숙한 아이는 두뇌 회전이 빠르다. 또 놀이

라는 형식을 띠어 아이가 자발적으로 몰입할 수 있다. 스스로 열심히 생각하기 때문에 사물의 특징을 파악하는 힘도 더욱 커진다. 아이가 반대말을 찾는 것을 어려워한다면 가장 기초적인 것부터 시작하여 단계별로 어려운 반대말을 찾도록 한다.

반대말 찾기를 통해 아이는 새로운 단어를 알게 되고, 대립되는 말과 사물을 연결하는 훈련을 통해 어휘력이 좋아지는 것은 말할 것도 없다. 결국 사물을 보는 눈도 그만큼 넓고 다양해진다. 다양하게 생각하는 것이야말로 창의력의 중요한 요소 중 하나다.

| 수수께끼 놀이를 해보자 |

아이와 수수께끼 놀이를 하는 것은 아이의 상상력을 자극하는 데 매우 좋다. 보통 수수께끼의 답은 하나라고 생각하지만, 생각하기에 따라 정답이 백 개가 넘는다면 아이는 끝없이 상상의 나래를 펼 것이다. 똑같은 문제라도 아이의 연령에 따라 답이 달라질 수 있어야 좋은 수수께끼다.

수수께끼 놀이를 할 때에는 아이의 연령과 지적 능력에 따라 하는 것도 좋다. 1단계 문제라고 해서 아주 어린 아이에게만 물어볼 필요는 없다. 연령이 높을수록 그만큼 생각의 폭이 넓어서 뜻밖에 좋은 답이 나올 수 있다.

만약 아이가 엉뚱한 대답을 하면, 왜 그런 생각을 하게 됐는지 반드시 확인해야 한다. 그러지 않고 그냥 틀렸다고 해버리면 아이는 크게 실망한다. 아이의 상상력은 어른들이 생각하는 것보다 훨씬 뛰어나다. 인내심을 가지고 아이의 이야기를 들어주자. 아이의 생각을 인정해주고 칭찬할 때 창의력도 커진다.

아이가 매일 비슷한 답만 이야기한다면 아빠가 몇 가지 정도의 답을 말해주고 그 이유를 간단하게 설명해줘야 한다. 그렇게 서너 번 반복하다 보면 아이는 다양하게 생각하는 방법을 배우게 된다.

상상력이 듬뿍 묻어나는 언어 놀이

언어 놀이의 특징은 대화를 통한 대화 방법을 배우는 것이다. 언어 놀이를 하면 아이가 쓰는 말들이 자연스레 풍성해진다. 언어 놀이는 낱말 주고 받기 → 낱말 잇기 → 문장 만들기 순으로 단계적으로 발전한다.

● 낱말 놀이

낱말 놀이는 우리 주변에서 쉽게 볼 수 있는 것들에 이름을 붙여주는 놀이를 말한다. 예를 들면 주변의 사물 이름(생활용품, 가구, 그릇 등), 동물 이름, 식물 이름, 장난감 이름, 인물(가족, 친척) 등의 낱말에 다른 이름을 붙이는 것이다. 낱말 놀이는 간단한 어휘력을 키울 수 있다.

- TV를 보고 '보라돌이'
- 강아지를 보고 '똘똘이'
- 식물을 보고 '행순이'

💬 단어 잇기 놀이

단어의 끝자를 이어가는 단어의 연상놀이다. 재미있게 하려면 두 글자 잇기, 세 글자 잇기, 네 글자 잇기, 다섯 글자 잇기 등으로 다양하게 게임의 룰을 바꾸면 아이들이 더욱 흥미 있어 한다.

- 두 글자 잇기 : 소라 → 라면 → 면발
- 세 글자 잇기 : 소나기 → 기찻길 → 길동무

💬 비교 놀이

낱말을 활용한 사물의 크기, 형태, 색깔, 역할 등을 비교하면서 사고력을 키워주는 놀이다.

- 젓가락이 길까? 전봇대가 길까?
- 구름은 동그랄까? 네모날까?
- 사과는 파란색일까? 검은색일까?

● **만약에 놀이**

엉뚱한 생각을 하는 것을 격려하고 왜 그렇게 생각하는지 이야기를 나눈다. 절대 윽박지르거나 설득하려고 해서는 안 된다. 아이의 의견을 끝까지 듣고 하나씩 정리해보는 게 중요하다.

- 만약에 입이 없다면?
- 만약에 하마를 집에서 키운다면?
- 만약에 컴퓨터가 모두 사라진다면? 그리고 컴퓨터를 대신해서 사용할 수 있는 것은 무엇일까?

● **삼행시 짓기**

사람의 이름이나 사물의 이름을 제시하고 글자에 따른 시를 지어보게 하는 놀이다. 삼행시는 아이에게 다양하고도 기발한 생각을 할 기회를 주어 창의력 향상에 도움이 된다.

- 강 : 강가에서
- 아 : 아버지랑
- 지 : 지렁이를 모았다.

아이의 호기심을 키워주는
아빠의 질문법

좋은 대화의 핵심은 질문이다. 질문은 아이가 자신의 능력을 활용하여 해답을 스스로 도출하게 하고 이 과정 속에서 많은 것을 얻게 해준다. 좋은 아빠라면 아이에게 답을 제시하는 것이 아니라 좋은 질문을 던져야 한다. 아이가 스스로 생각해야 할 상황이라면 해답을 주는 것이 아니라 질문을 던지는 것이 효과적이다.

요령 있게 아이를 자극하려면 재미있는 질문을 많이 던져야 한다. 그림을 감상하더라도 "저 화가는 지금 기분이 좋았을까?", "어디가 제일 밝지?", "선의 종류는 뭘까?" 등의 질문으로 선, 형태, 색상(명암), 질감, 공간감 등에 대한 생각을 표현하게 하는 질문을 한다면 다양한 답들이 나올 것이다.

| 질문은 명확하고 간결하게 해야 한다 |

질문이 명확하고 간결해야 아이는 무엇을 묻는 것인지를 쉽게 이해하고, 이에 대답할 수 있다. 질문이 명확하지 못하고 간결하지 못하면 아이는 질문 의도를 알지 못해 적절한 답변을 찾느라 고생하게 된다. 따라서 설명적인 장황한 질문이나 이중, 삼중의 중복적인 내용의 질문은 피해야 한다.

한꺼번에 여러 가지 질문을 동시에 해야 할 때는 생각나는 대로 묻기보다 가장 먼저 질문해야 할 것부터 차례차례 물어보자. 결론 부분에서 하는 질문 순으로 계열화하는 것이 바람직하다.

| 생각할 시간을 충분히 준다 |

아이에게는 질문을 한 후, 바로 대답을 재촉하지 말아야 한다. 일정한 시간을 기다려주는 것이 필요한데, 아이가 생각을 정리하여 대답하는 과정에는 시간이 필요하기 때문이다. 적어도 5~15초 정도는 아이에게 시간을 주는 것이 좋다. 아이가 계속하여 대답이 없는 경우에도 대신 대답해버리지 말고 오히려 단서나 힌트를 주거나, 문제를 쉽게 설명해 주거나 또는 비슷한 문제를 예시해주어 반응을 유도한다.

아이의 두뇌는 아직 완성된 것이 아니기 때문에 말하는 도중에 말이 막힐 수도 있고 아빠의 기대만큼 분별 있게 말하지 못할 수도 있다. 그럴 때 아빠는 절대 실망하는 기색을 내보이지 말고 "좋은 생각이구나!", "좀 더 다르게 생각해 봐!"라는 식으로 격려해주는 것이 좋다.

| 핵심에서 벗어나지 않아야 한다 |

아이가 "다시 한 번 말씀해주세요"라고 하거나 더 나아가 "그걸 왜 물어보세요?"라고 한다면 질문이 핵심에서 벗어나고 있다는 증거다. 아이의 입에서 이런 말이 나왔다면 대화가 서로 다른 방향으로 흘러가고 있다는 신호다. 효과적인 질문은 반드시 핵심을 벗어나지 않고 핀트를 잘 맞추어야 가능하다. 상황 또한 적절해야 한다. 상황이나 타이밍이 부적절한 질문은 아이를 당황하게 하거나 분위기를 어색하게 만든다. 질문은 목적과 상황, 분위기, 타이밍에 맞게 해야 한다. 만약 아차! 하는 사이에 적절치 않은 질문을 하였다면 재빨리 초점을 되찾아 상황을 반전시켜야 한다.

★ Tip 아빠의 한마디 ★

아이의 생각을 키워주는 질문은 따로 있다. 상황에 따라 질문을 달리 해 보자. 단, 생각하고 정리한 후 말할 때까지 충분히 기다려주어야 한다.

- 경험 | "전에 가족과 같이 갔던 곳이 좋았지?"
- 사실 | "미국 대통령 이름은 뭐지?"
- 취미 | "요즘은 뭘 주로 하니?"
- 관심 분야 | "어떤 물건을 샀니?"
- 경험한 사실 | "오늘 기분은 어때?"
- 외모 | "요즘 많이 예뻐진 것 같아. 비결이 뭐니?"
- 계산 | "3+4는 얼마지?"
- "자유와 평등의 다른 점은 뭐지?"
- "낫 놓고 ㄱ자도 모른다는 것은 무슨 뜻일까?"
- "그렇게 놀기만 하면 어떻게 될까?"
- 세상에 물이 없다면 어떻게 될까?
- "원숭이가 진화하면 무엇이 될까?"
- "우유와 설탕을 섞으면 무엇이 될까?"
- "석탄과 기름을 다 써서 더 이상 없다면 세상에는 어떤 일이 일어날까?"

아이와 함께 요리에 도전하자!
아빠와 함께 하는 요리 토크쇼

아이들은 과자나 빈대떡 만들기 등 음식 만드는 일을 아주 즐거워한다. 계량컵으로 양을 재보고, 물을 적당히 섞고, 계란을 휘저어 보기도 하면서 양에 대한 개념도 터득하게 되고, 왜 영양소가 우리에게 필요한지 알게 된다. 아이와 함께 요리를 하면 신체 발달은 물론이고 지적인 발달도 함께 이뤄진다. 더 맛있고, 더 보기 좋은 요리를 만들기 위해서는 많은 생각을 해야 하기 때문이다. 또 무게, 크기 등 수학 및 과학적인 개념과 '휘젓다, 어슷 썰다, 깍둑 썰다, 노릇노릇하다' 등의 말을 통해 언어 개념도 발달한다. 아이가 부엌에 들어와서 어지럽힌다고 굳이 나무랄 일이 아닌 것이다.

가족끼리 샌드위치나 김밥 등 만들기 쉬운 요리를 함께 만들어보자. 얼굴이나 손에 재료를 묻혀가며 신나게 만든다. 이것저것 만지고 주무르는 과정에서 아이는 손끝으로 음식 재료의 질감을 느끼고 맛도 보면서 자연스럽게 오감이 자극된다. 또한 아빠와 음식을 만드는 과정은 아이에게 정서적 안정감과 자신감을 키워준다. 갖가지 색깔의 요리 재료는 미술 공부가 된다. 요리 전 재료 상태와 요리 뒤의 변화 모습을 보면서 과학을 배울 수도 있다. 맛을 느끼는 공부는 덤이다.

모스크바 국립대학 심리학 교수인 기뻰레이테르 박사는 아이와 대화를 나눌 때는 어른의 언어가 아니라 아이의 언어로 이야기해야 한다고 충고한다. 물론 아이의 언어로 이야기를 한다는 것이 말처럼 쉬운 일이 아니다. 아이의 언어를 배우는 것은 외국어 하나를 새롭게 배우는 것처럼 신기하고도 고된 일이다. 하지만 아빠가 꼭 해야 하는 일이다.

• chapter 3 •

인생을 즐기는 아이로 키우는 감성 대화법

한쪽으로 치우치지 않는 감성, 아빠에게 달렸다

　　　　　　　　　　　미래세대가 원하는 리더의 조건은 '감성'이다. IQ를 중시하던 교육계에서도 감성 교육을 중요시하는 바람이 불고 있다. 기업들도 머리가 아닌 가슴으로 공략해야 한다는 모토로 '감성마케팅'을 펼치고 있다. 그렇다면 감성은 무엇이며 왜 중요한 것일까?

　감성이란 다양한 시각에서 정의가 가능하고, 의미 또한 포괄적이어서 구체적으로 정의하기가 어렵다. 굳이 정의한다면 감성이란 자신의 오감(촉각, 미각, 청각, 시각, 후각)을 느끼고 이를 관리하고 조절하는 것이라고 할 수 있다. 자신의 감정을 생산적으로 이용하며 다른 사람의 감정을 읽을 줄 아는 능력을 말하는 것이다.

감성이 중요한 이유는 감성이 다른 사람과의 인간관계를 맺는 것과도 매우 밀접하게 관련되어 있기 때문이다. 감성이 높은 사람은 다른 사람의 감정을 잘 이해해준다. 또, 자신의 감정을 잘 조절하기 때문에 많은 사람들이 편안해하고 신뢰한다. 명심할 것은 감성적 지능이나 이성적 지능이 서로 별개의 지능이 아니라는 것이다. 감성교육만을 중시하는 생각은 이성적 지능 교육만을 강조하는 것만큼이나 잘못된 생각이다. 인간은 감성과 이성이 조화롭게 어우러질 때 보다 인간다운 인간으로 성장할 수 있기 때문이다.

| **아이의 문제를 해결하려고 하지 말고 대화를 하자** |

아이들이 처음으로 접하는 사회는 가정이다. 그리고 가장 많은 시간 함께 하는 사람은 아이의 아빠, 엄마다. 아이의 감성이 잘 유지되고 풍성해지기 바란다면 먼저 자신의 말과 행동을 돌아보자. 아이들과 가장 많은 시간을 보내고 상호작용을 하는 사람의 말이 아이에게 가장 큰 영향을 미치는 것은 당연하다. 특히 대화는 다른 사람의 감성과 자신의 감성이 소통하는 것이다.

아이를 키우는 일은 행복하기도 하지만, 엄청난 인내와 희생을 필요로 하는 어려운 일이다. 아이들에게 뭐든지 다 해주고 싶은 것이 부모의 맘이다. 하지만 기억하자. 아빠가 자식의 모든 문제를 해결해주지는 못한다. 자식이 삐뚤어진 이유가 자신의 노력이 부족해서 그렇다고 생각하는 아빠들이 있다. 아이들의 성공이나 실패가 전적으로 자신의 책임이라고 생각하는 것은 자기도취적인 착각에 지나지 않는다.

아이들을 사랑과 안정으로 보살피고 키우는 의무를 다한 아빠라면 아이들이 노력한 결과에 대한 책임을 지지 않아도 된다. 아이들이 성공을 하든 못하든 그것은 그들 스스로 세상을 살아가는 방식을 결정한 결과이기 때문이다. 아빠는 자신이 중요하다고 생각하는 가치와 행동을 가르치려 하지만, 결국 그것을 선택하느냐 하지 않느냐는 아이의 몫인 것이다.

좋은 아빠가 되기 위해서는 무엇보다 자신이 옳다거나 모든 문제의 답을 알고 있다는 생각부터 버려야 한다. 중요한 것은 아이들이 아빠에게서 사랑받고 존중받고 있다고 항상 느끼도록 해주는 것이다. 그렇기에 아빠와 자식 간의 대화가 중요한 것이다. 사랑과 신뢰를 바탕으로 하는 대화는 모든 문제를 해결하는 가장 쉬운 방법이자 감성을 키우는 데 최선의 방법이기 때문이다.

아이와의 이야깃거리가 고민되는
아빠에게

아이들은 생각하는 범위가 한정되어 있어 이에 따라 대화 주제도 한정되기 마련이다. 감성이 풍부한 아이로 키우기 위해서는 다양한 주제들을 경험하고 생각하게 만들어 주는 것이 필요하다. 이를 위해 아빠는 아이들과 이야기하지 않았던 것들이 무엇인지를 생각해서 그 주제로 대화를 이끌어주어야 한다.

하지만 아빠 입장에서 매번 새로운 이야깃거리를 생각해내는 건 쉬운 일이 아니다. 그럴 때면 아이의 관심거리를 물어보는 것도 좋은 방법이다. 실제로 아빠의 관심거리가 아닌 아이들이 관심 있어 하거나 좋아하는 주제로 대화를 해야 효과가 생긴다. 예를 들어 휴대폰 사용이나 혹은 컴퓨터 사용 시간, 해보고 싶은 일, 가보고 싶은 곳 등이 그것이다. 주제가 매번 똑같거나 아이들이 좋아하는 주제가 아니면 아이들은 대화를 기피하거나 모처럼 아이와 나눈 대화는 그저 잡담으로 흐르고 만다.

| 강요는 금물! |

주제가 정해졌다고 해도 아빠가 아이의 반응을 무시하고 일방적으로 대화를 이끄는 것은 금물이다. "시험 기간에는 휴대폰을 아빠에게 맡겨라"라는 식이 아니라 "휴대폰이 공부에 방해가 되는 것 같은데 시험 기간에는 휴대폰을 어떻게 써야 할지 대책을 마련해보는 게 어떨까?" 하는 식으로 대화를 시작한다. 아이는 자기가 원하는 주제로 원하는 대화를 할 수 있기 때문에 자신의 감정에 솔직해질 수 있다.

단, 주의해야 할 점은 아이가 주제에 관심이 없는데도 그 주제에 대한 대화를 계속 강요해서는 안 된다는 것이다. 그 주제에 관심이 없는 것도 그 아이의 감정이기 때문이다.

- "오늘은 우주에 대해서 말해볼까? 내일은 곤충에 대해서 말해보자."

자칫하면 아이가 공부를 한다고 생각할 수 있기 때문에 가급적 이런 대화는 피해야 한다. 이러면 아이는 감성보다는 이성을 사용하여 이야기하게 되고, 공부를 하고 있다는 압박감 때문에 대화에 몰입하기 어렵다. 이럴 경우 아이는 아빠와 이야기한다기보다는 아빠가 자신을 가르치고 있다고 생각하기 때문에 마음을 터놓고 이야기하기 어렵다.

다양한 주제로 이야기하려면 우선 많은 경험이 있어야 한다. 아이가 자신의 눈으로 직접 보고 듣고 느끼고 난 후 대화하는 것이 가장 효과적으로 감성을 이끌어 내준다. 간접 경험도 중요하지만 직접 경험을 하면 아이의 대화의 주제가 넓어지고 그만큼 아이와의 대화가 부드럽게 이어질 수 있다.

★ **Tip 아빠의 한마디** ★

아이와 이야기할 때 사실만 주고 받는다면 아이의 감성을 자극하기 어렵다. 일상적인 대화에서도 아이의 감성을 자극할 수 있는 화제를 골라 대화하는 것이 중요하다.

- "오늘 아빠가 오는 길에 벚꽃을 봤어. 벚꽃 본 적 있니? 우리 지나가다가 볼까? 어때?"
- "와~ 이 책 신기하다. 우주 사진이 있는 책이네, 우리 이거 같이 볼까? 어때?"

말이 안 된다고
지적하지 마라

어린 아이들은 세상 모든 것을 살아 있는 생명체로 생각할 때가 많다. 유아기 아이들의 특성 중 하나인 물활론 때문인데, 물활론이란 모든 사물은 영혼이 있으며 그 영혼이 인간에게 영향을 미친다는 믿음이다. 피아제는 유아는 생명이 없는 대상에게 생명과 감정을 부여하는 식으로 생각하는 경향이 있는데, 물활론은 다음과 같은 네 단계를 거치면서 변화한다고 하였다.

첫째, 1단계(4~6세경)는 모든 사물은 살아 있다고 생각한다.
둘째, 2단계(8~9세경)는 움직이는 것은 모두 살아 있다고 생각한다.
셋째, 3단계(10~12세경)는 스스로 움직이는 것만 살아 있다고 생각한다.

넷째, 4단계(11~12세경)는 생물만 살아 있다고 생각한다.

물활론은 아이가 자기중심적으로 생각하고 그에 따라 자기가 생각하는 대로 행동하고 전 세계가 자기감정과 욕망을 함께 공유한다고 생각하는 것이다. 예컨대 해와 달은 그가 걸어갈 때 따라온다고 생각하고 높은 산은 키가 큰 사람이 올라가기 위해 크고, 작은 산은 키가 작은 어린이를 위해 작다고 생각하는 일이 유아에게는 가능하다. 유아기의 아이가 자기중심적 사고를 하는 것은 당연한 것이다. 아이가 이렇게 말한다고 해서 아빠가 찬물을 끼얹는다면 아이는 아빠와 말이 통하지 않는다고 생각할 뿐만 아니라 자신의 생각이 틀렸다는 생각이 들어 자신감을 잃게 된다.

아이 아빠, 달이 자꾸 따라와.
아빠 바보야, 달이 하늘에 그냥 떠 있는 거지.

이렇게 말하면 아이들이 지니고 있는 순수한 감성을 짓밟는 결과를 가져와 아이들은 대화를 피하게 된다. 너무 어른 중심으로 말했기 때문이다.

아이 아빠, 달이 자꾸 따라와.
아빠 그래? 달이 우리 아들을 자꾸 따라와? 그건 우리 아들이 너무 잘생겨서 그런 거야!"

아이의 감성을 읽어주며 대화를 하면 아이의 눈높이에서 아이의 순수한 감성을 유지해줄 수 있다. 아이는 이러한 아빠의 대답에 힘을 얻게 되고 더 많은 감성적인 말들을 해서 칭찬을 받으려고 노력하게 된다.

물활론적 사고를 하는 유아들이 상식적으로 말이 안 되는 말을 하는 것은 당연하다. 발달 과정에서 당연히 할 수 있는 아이의 말을 자신에 관점에서 틀렸다고 생각하여 지적하기보다는 아이의 순수한 감성을 존중해주는 융통성이 필요하다. 아이의 잘못된 부분을 매번 고쳐주면 아이는 움츠려들기 마련이다. 그리고 자신 본연의 감성을 점점 드러내지 않으려 할 것이다. 어린 아이와 대화할 때는 아이의 순수한 감성을 어느 정도 이해해주면서 아이의 잘못된 '행동'만 고쳐주는 것이 좋다.

04
아이에게 고정관념을 심지 마라

고정관념이란 사람들이 공통으로 지니고 있는 개인적 속성들에 대한 일련의 신념을 말한다. 고정관념은 자신도 모르게 끊임없이 의식을 지배하며, 행동에까지 영향을 끼친다. 어른들에게는 본의 아니게 굳어진 고정관념이 많다. 반면에 아이들은 아직 고정관념을 갖지 않고 있다.

아빠의 고정관념은 무의식중에 아이에게 나쁜 영향을 미칠 수도 있기 때문에 조심해야 한다. 아빠가 고정관념을 가질수록 아이에게 특별한 행동이나 결과를 강요하기 때문이다. 고정관념이 심하면 이미 결과를 정해놓고 아이를 그 틀에 맞추려고 한다. 특히 주의해야 할 것은 성역할에 대한 지나친 고정관념이다. 우리 아이들의 감성을 제어하는 것들 중에 성역할 고정관념은 큰 장애물로 작용한다.

여자 어린이는 항상 부드럽고, 유순하며, 조용해야 한다는 등의 고정관념은 그 아이로 하여금 다양하고 폭넓은 사고를 억제시킨다. 남자 어린이들도 마찬가지이다. 성역할 고정관념은 우리 사회의 뿌리깊이 박힌 사고이기에 피하기 힘들다. 어른들이 아이들에게 그러한 생각을 심어주지 않도록 평소에 신경 써서 대화하는 것이 필요하다.

아빠가 아이와 대화를 할 때 아이의 행동이나 말에 대해서 성역할에 대한 고정관념을 버리고 성에 관계없이 누구나 잘할 수 있다는 생각을 갖게 하면 아이는 자신감을 가진다. 또한 아이가 관심을 갖던 일이 아이의 적성이 되거나 미래의 비전이 될 수 있다.

아빠의 고정관념은 평소 대화를 통해 아이들에게 막대한 영향을 끼친다. 남자는 부엌에 들어가지 말아야 한다는 생각은 아이에게 가정 일을 돌보지 말라는 말로 들릴 수 있기 때문에 결과적으로 아이는 잘못된 생각을 갖게 될지 모른다.

이러한 잘못된 고정관념은 아이의 정서 발달에 영향을 줄 수 있다는 것을 기억하자. 감성이 풍부한 아이로 키우고 싶다면 아이에게 고정관념을 심어주기보다는 아이에게 자유로운 감정을 느끼고 표현할 수 있도록 이끌어주어야 한다.

아이는 아빠와의 대화를 통해
큰 꿈을 만든다

아빠라면 누구나 아이와 재미있게 대화하기를 원한다. 그러나 정작 우리는 아이와 어떻게 어떤 대화를 나눠야 하는지에 대해 구체적으로 아는 것이 별로 없다. 그래서 습관적으로 어른들의 방식으로 아이들과 대화를 나누려고 한다.

모스크바 국립대학 심리학 교수인 기펜레이테르 박사는 아이와 대화를 나눌 때는 어른의 언어가 아니라 아이의 언어로 이야기해야 한다고 충고한다. 물론 아이의 언어로 이야기를 한다는 것이 말처럼 쉬운 일이 아니다. 아이의 언어를 배우는 것은 외국어 하나를 새롭게 배우는 것처럼 신기하고도 고된 일이다. 하지만 우리가 꼭 해야 하는 일이다. 내가 사랑하는 아이, 우리 사회에서 살아갈 아이, 이 아이들과 대화하는 것은 고되지만 중요한 일이다.

아이는 아빠와의 대화를 통해 세상 사는 방법을 배운다. 아이는 아빠와의 대화를 통해 자신의 목표를 결정하고 자신이 살아가야 할 미래를 개척한다. 아빠는 아이에게 가장 가까운 사람이며, 선생이고, 교과서이며, 거울이고, 자연이며, 세상의 전부다. 그러므로 아이와의 대화는 아이의 꿈을 키우는 데 매우 중요하다. 매우 중요하기 때문에 그것은 때로 매우 위험한 일이 될 수도 있다.

아빠와의 좋은 대화는 꿈이 큰 아이를 만들지만 나쁜 대화는 아이를 파괴적이고, 반항적이며, 자기 자신과 세상에 대해 신뢰와 사랑을 잃어버린 불우한 아이로 만든다. 아이들에게는 수많은 꿈이 있고 그 수많은 꿈들 중 아빠와의 대화를 통해 한 가지 꿈을 선택하게 될 것이다. 아이들은 아빠와의 대화를 통해 미래를 어떻게 살아가야 할지 계획을 세우게 된다. 물론 아이들은 선택의 과정에서 많은 갈등을 겪게 될 것이다. 이때 아이의 훌륭한 코치인 아빠는 대화로써 아이에게 바른 꿈을 세우게 하거나, 꿈이 꺾이지 않도록 도와주어야 한다.

| 꿈을 키워주는 아빠의 대화법 |

첫째, 충분한 대화를 통해 아이에게 꿈을 갖게 한다.
- "무엇을 할 때 제일 즐겁니?"

- "무엇을 제일 하고 싶니?"
- "커서 무엇이 되고 싶니?"
- "존경하는 사람이 누구니?"

→ 아이가 꿈을 갖게 하기 위해서는 앞으로의 꿈과 하고 싶은 일을 물어보는 것이 좋다.

둘째, 꿈을 실현하기 위한 구체적인 방법을 알려준다.
가령 축구선수가 되고 싶은 아이가 있다면, 이렇게 이야기해보자.
"우리 준수, 축구 선수가 되고 싶다고? 그러면 어떻게 해야 할까? 아빠 생각에는 축구 교실에 등록을 하는 게 좋을 것 같아. 그러다가 축구 대표팀에 선발되고, 월드컵에 출전하게 되고, 열심히 기량을 펼쳐 박지성 선수처럼 맨유에 스카우트 제의를 받을 수도 있지."

→ 아이의 꿈을 실현하기 위해서는 막연한 꿈을 갖게 하기보다는 구체적 방법들을 알려주는 것이 좋다. 구체적인 방법을 알면 아이들은 자신이 갖고 있는 꿈을 실현할 가능성이 높아진다.

셋째, 꿈을 실현하기 위해 구체적인 목표를 세워 실천하도록 한다.
- "축구 교실에 언제 등록하면 좋겠니?"
- "축구를 하려면 어떤 노력을 해야 할까?"

→ 아이의 꿈을 실현하기 위해서는 구체적 목표를 갖게 하는 것

이 좋다.

누구나 자신이 하고 싶은 일이 있다면 의욕이 생기고 잘하고 싶어서 노력을 하게 된다. 바로 그것이 꿈의 존재 이유다. 그뿐 아니라 꿈이 있으면 어떤 어려움이 닥쳐도 낙심하고 좌절하지 않고 앞을 향해 끊임없이 도전하는 힘을 갖게 된다. 실제로 역사 속에서 빌게이츠, 안철수 같은 성공한 사람들을 보면 그들은 스스로 성공한 것이 아니다. 그들의 성공은 어렸을 때부터 아빠와의 대화를 통하여 정확한 목표를 세우고, 오랫동안 노력한 대가다.

아이에게 리더십을 키워주기 위해서는 단순히 웅변학원이나 스피치 학원에 보낼 것이 아니라, 생활 속에서 대화를 통해 올바른 인성을 키워주는 것이 무엇보다 중요하다. 자신의 생각과 느낌, 아이디어를 다른 사람이 이해할 수 있도록 정확하게 전달하는 능력은 리더에게는 필수 덕목이다. 특히 리더십은 아빠와의 대화가 크게 영향을 준다.

• chapter 4 •

세상에 꼭 필요한 사람으로 키우는 리더십 대화법

아빠가 솔선수범,
가족끼리 존댓말을 써보자

아빠는 아이의 거울이다. 아빠의 삶은 아이의 역할 모델이 된다. 그래서 아빠가 아이에게 존댓말을 하면 아이도 저절로 따라하게 마련이다.

아이에게 존댓말을 사용하기란 쉬운 일은 아니지만, 그렇다고 해서 못 넘을 산도 아니다. 우선 아이가 말을 배울 때가 되면 아빠는 아이와 이야기할 때 존댓말을 사용함으로써 아이에게 본보기가 되어야 한다. 존댓말로 이야기하는 것은 아이를 자신의 소유물이 아닌 하나의 인격체로 보고 아이를 존중해주는 차원에서도 좋다.

아이에게 존댓말을 가르치지 못하는 가정을 보면 아빠는 반말을 하면서 아이에게는 존댓말을 하라고 강요하기 때문인 경우가 많다. 존댓말을 사용하지 않는다고 아이들을 나무라기 전에 부부가 먼저 존댓말을 써 보자. 자연스럽게 아이들도 따라서 존댓말을 사용하기 때문에 교육적으로도 좋다.

안철수 씨는 자신에게 영향을 가장 많이 준 사람이 어머니라고 말한다. 이유는 어머니가 어렸을 때부터 지금까지 자신에게 존댓말을 해주었다는 것이다. 그래서 자신도 지금까지 만나는 사람들에게 존댓말을 한다고 한다. 심지어는 군대에서 자신보다 계급이 낮은 이들에게도 존댓말을 했다는 것이다. 이처럼 어릴 때부터 부모가 해준 존댓말은 아이의 성장기뿐만 아니라 어른이 되어서도 중요한 영향을 끼친다.

| 어릴 때 말 습관이 평생 간다 |

말은 모방에서 시작된다. 아빠에게 배운 존댓말은 아이가 어느 누구에게라도 예의바르게 행동하고 다른 사람을 존중할 수 있게 만든다. 리더는 자신이 책임지고 있는 조직의 구성원들을 존중할 줄 알아야 한다. 아이가 어릴 때부터 존댓말 하는 습관을 통해서 타인을 존중할 수 있는 능력을 기르는 것은 그래서 더욱 중요한 것이다.

어른들의 말하기 습관이 좋지 못하면 아이의 말하기 습관도 나빠지는 것은 당연하다. 말하기 습관은 어려서 잘못 습관을 들이면 어른이 되어서도 잘 고쳐지지 않는다. 따라서 아예 말을 처음 배울 때부터 존댓말을 제대로 사용하도록 지도하는 것이 좋다. 어려서부터 존댓말을 사용하는 습관을 들이면 성인이 된 후 자연스럽게 존댓말을 사용할 수 있다.

아이에게 피아노, 미술, 영어 등 여러 학원에 보내고 공부도 열심히 시키는 이유는 아이가 자란 후 훌륭한 사회인으로 인정받게 하기 위해서일 것이다. 그러나 앞으로는 말 습관이 바르지 못하면 아무리 성적이 좋고 재능이 많아도 존경받기 어려운 세상이다. 이 점을 명심하고, 지금껏 쓰지 않아 어색하더라도 오늘부터라도 존댓말 대화를 시작해보자.

02
아이가 할 말을 대신하지 마라

　　　　　아이와 함께 동네를 걸어가고 있던 중 이웃집 아주머니를 만난다. 아주머니는 "어디 가니?"하고 반갑게 웃으며 말을 건넨다. 아이는 아빠와 백화점에 가는 중이라고 말하려 하지만 생각을 정리하여 말하는 능력이 부족하다 보니 단번에 대답하지 못하고 우물쭈물 한다. 그럴 때 옆에 있던 아빠는 아이는 무시한 채 얼른 대답해버린다. 가던 길을 빨리 갈 수 있어 시간은 절약했지만 이 아빠는 잃은 것이 하나 있다. 아빠가 아이 대신 말하는 순간, 아이의 생각이 멈췄다는 것이다.
　대부분의 아빠들을 보면 아이의 말이 끝나기도 전에 본인 생각대로 판단해버리는 경우가 많다. 그렇게 해서 아이에게 원하는 바를

빨리 전해 들었다고 생각하겠지만, 그것은 아이가 스스로 생각하고 정리하는 능력을 떨어뜨리는 행동이다.

| 아이를 위해 1분만 기다리자 |

리더에게는 자신의 생각을 일목요연하게 정리하여 말하는 능력이 필요하다. 리더로서 자신이 말하고자 하는 내용을 우물쭈물 하지 말고 정확하고 명료하게 말할 수 있어야 한다. 아이에게 이 능력을 길러주기 위해서는 아이가 할 말을 대신하여 말하지 않아야 한다. 하루라도 빨리 아이에게 스스로 생각하고 결정하고 행동할 수 있도록 해주어야 한다.

아이가 어리다고 생각이 없는 것이 아니다. 물론 아이들은 생각하고 그것을 정리해서 말할 수 있는 능력이 성인에 비해 매우 부족한 것은 사실이다. 하지만 아이 나름의 생각이 있다. 이를 무시하고 아이의 생각을 대신 말해서는 안 된다. 아이가 할 말을 대신하는 상황이 반복될수록 아이는 자신이 말하지 않아도 대신 해주는 사람이 있다는 생각에 자신의 생각을 정리하는 노력을 애초에 하지 않게 될 것이다.

답답하더라도 아빠는 아이가 생각하고 있는 것을 스스로 정리하여 끝까지 말할 수 있도록 가만히 지켜봐주자. 아이가 조리 있게 말하지 못하거나 이해할 수 없게 말한다 해도 아이가 말을 할 때는 열심히 경청해주고 "그래?", "그렇구나!" 하며 적극적으로 반응을 보여주자. 자신은 얼마나 아이의 말을 끝까지 들어주는 아빠였는지 다음 다섯 가지를 참고하여 한 번 되돌아보자.

첫째, 아이가 말할 때까지 기다린다.
둘째, 아이가 말을 할 수 있도록 물꼬를 터준다.
(예 : "그래서 어떻게 되었는데?")
셋째, 선택하게 한다.
(예 : "이렇게 하는 것이 좋니, 저렇게 하는 것이 좋니?")
넷째, 이유나 원인을 묻는다.
(예 : "그렇게 된 원인이나 결과는 뭐야?")
다섯째, 아이의 응답에 부정적인 평가를 내리지 않는다.

이런 것들이 반복될수록 아이는 자신의 생각을 정리하는 능력이 늘며 동시에 스스로 조리 있는 말 습관을 기르게 될 것이다. 리더십 있는 아이로 키우기 위해서 아빠는 어릴 때부터 가능한 한 많은 부분을 아이 스스로, 끝까지 해내도록 허용하는 태도를 보여야 한다.

나는 오늘 몇 번이나
"안 돼!"라고 말했는가?

아이들은 아빠의 언어 습관을 보고 그대로 따른다. 어느 날 자신이 하는 말을 그대로 따라하고 있는 아이를 보고 깜짝 놀란 기억은 아빠라면 누구나 한두 번쯤은 있을 것이다. 특히 말을 배우는 아이들의 경우 더욱 더 심하다. 그러므로 아빠가 "~하면 안 된다", "~하면 맞는다" 등의 부정적인 언어를 사용하면 아이들도 따라하게 되고, 부정적인 사고방식이 자신도 모르게 굳어버린다. 아이와 대화할 때는 내가 긍정적인 표현을 사용하고 있는지 늘 점검해보자. 간혹 아이의 기를 살려준다고 장난스레 거친 말투를 쓰거나 욕을 하는 경우가 있는데, 이 또한 아이에게는 좋지 않다.

| 아빠가 긍정적으로 말하면 아이는 따라오게 마련 |

아이들은 호기심으로 모든 물건들을 만지고 건드린다. 아빠는 아이들이 늘어놓는 물건을 치우기 귀찮아 아이들이 물건을 만지기도 전에 "만지면 안 된다"하고 말하기 일쑤다. 또, 아이가 놀이터에서 놀이기구를 타려고 할 때에도 아빠는 말한다. "그거는 위험하니까 타면 안 돼." 그러면 아이는 금세 타려고 하던 놀이기구를 두려워하게 되고 도전 의식은 사라지게 된다. 이렇게 아이들은 모든 면에서 아빠에게 많은 영향을 받는다. 그래서 아빠는 아이들에게 말을 할 때는 부정적인 표현보다는 긍정적인 표현을 사용해야 하는 것이다.

또, 순간 답답하거나 화가 난다고 하여 아이를 비난하지 말아야 한다. 상대는 아이다. 아이의 미숙하거나 잘못된 생각에 대해 부드럽고 친절하게 아빠의 생각을 말하는 것도 아이와 이야기할 때 지켜야 할 태도다. 아이가 어떤 일을 잘못했을 때는 결과만 가지고 혼내지 말고, 아이를 먼저 걱정해주면 오히려 아이는 자신의 잘못을 깨닫고 다음부터는 그러지 않으려고 애쓰게 된다.

- (물을 엎지른 아이에게) "그럴 줄 알았다. 네가 하는 게 다 그렇지. 넌 만날 그 모양이니? 물 하나도 제대로 못 따르고. 누굴 닮아서 그러는지 모르겠다."(×)
- "어디 다친 데는 없니? 컵이 깨진 줄 알고 깜짝 놀랐다. 그렇지

않아도 거실이 엉망이었는데 우리 지호 덕분에 깨끗하게 걸레 청소 좀 하겠는 걸. 대신 좀 도와줄 거지?"(○)

아이와 대화를 할 때 지금까지 해 온 것이 많다고 인정해주자. 그러면 아이는 지금까지 해 온 것이 있으니 조금만 참고 결과를 완성하자는 마음을 갖게 된다.

- (숙제하고 있는 아이에게) "아직까지 한 장밖에 안했니? 빨리 빨리 더 열심히 해야지?"(×)
- "음. 열심히 했구나! 벌써 한 장이나 했네. 이제 조금만 더 하면 되겠다. 힘내자! 아들."(○)

| 매일 쓰는 호칭도 신경 쓰자 |

아이가 귀여운 나머지 애칭이나 별명을 부르는 아빠도 많다. 하지만 이때도 주의할 것이 있다. 아이에게 바보라고 말하면 바보로 자라고 예쁜이라고 말하면 말 그대로 예쁜이로 자란다. 아빠가 부르는 호칭은 아이의 잠재의식 속에 그대로 심어지기 때문이다. 아이에게 긍정적인 사고를 심어주기 위해서는 긍정적인 호칭과 별명을 붙여주자.

아이가 하는 행동 하나하나에 기대감을 표현해 보자. 아이는 아빠가 기대한 대로 자라며, 아이의 행동 역시 나쁜 행동보다는 좋은 행동 쪽으로 흘러간다. 단, 아이에 대한 기대감은 아이에게 부담이 되지 않는 범위여야 한다.

리더로 키우고 싶다면
꼭 고쳐야 할 아이의 거짓말 습관

아이들은 누가 봐도 뻔한 거짓말을 하곤 한다. 아이들이 순간적으로 거짓말을 하는 이유는 관심을 받고 싶어서이기도 하고, 꾸중이 무섭기 때문이기도 하다. 누구보다 내 아이는 바른 아이라고 믿고 있던 엄마, 아빠에게 아이의 거짓말은 큰 충격일 것이다.

아이들이 거짓말을 하는 것은 성장 과정에서 자연스러운 현상이다. 거짓말은 나쁜 습관이므로 어린 시절 바로잡아줘야 한다는 전제에서, 아이의 거짓말을 너무 심각하게 받아들이지 말자. 아이가 거짓말을 한다고 해서 너무 놀라거나 혹독하게 비난한다면 아이는 심리적으로 충격을 받을 수 있다.

아이가 거짓말을 했더라도 그 즉시 "거짓말 하지 마"라고 윽박지르지 말아야 한다. 아이 입장에서는 의도적으로 거짓말을 했다기보다 이야깃거리가 없어서 순간적으로 지어내는 말이 많은데, 이런 것까지 거짓말이라고 몰아붙이면 아이는 더 이상 할 말이 없어지고, 결국 입을 닫을 것이다. 아이들은 부모에게 관심과 칭찬을 받고 싶은 마음에 거짓말을 하기도 한다. 이럴 때는 "아, 그랬구나. 우리 승우가 기분 좋았겠다. 그런데 다음부터는 그러면 안 돼"라며 아이의 마음을 먼저 이해하는 것이 필요하다.

| **정직한 아이로 키우고 싶다면 아빠가 먼저 약속을 지켜라** |

《리더로 키운 유태인 부모의 말 한마디》에서는 "재능과 더불어 훌륭한 인격을 갖춘 사람으로 키우기 위해서는 아빠가 먼저 모범을 보여야 한다"고 말했다. 앞서도 말했지만 아빠나 엄마 아이를 가르치는 사람은 아이와의 대화에서 먼저 모범을 보이는 것이 중요하다.

일단 아이에게 옳고 그름을 구별하는 법을 알려주기 위해 아빠는 말한 대로 행동해야 한다. 예를 들어 아빠가 아이에게 숫자를 100까지 세면 아이스크림을 주겠다고 약속한다면 아이는 아빠를 믿고 숫자를 100까지 세기 위해 열심히 공부할 것이다. 시간이 흘러 아이는 숫자를 100까지 셀 수 있게 되고, 아빠 앞에서 자신 있게 1부터 100까지 세 보일 것이다.

만약 아빠가 아이가 100까지 세었음에도 불구하고 약속했던 아이스크림을 주지 않으면 아이는 크게 실망할 것이다. 그렇게 아빠가 계속해서 아이와의 약속했던 것을 하나둘 지키지 않는다면 아이는 아빠를 믿지 않을 것이며, 이는 아이에게도 정직하게 말하는 습관을 갖지 못하게 할 것이다. 아빠나 아이를 가르치는 사람은 아이와 대화할 때는 물론이며 아이 앞에서의 모든 말과 행동은 정직해야 하고 일관되어야 할 것이다. 아이는 그 과정에서 옳고 그름을 구별하게 되고 정직한 말 습관을 익히게 될 것이다.

조직을 이끄는 리더에게 가장 중요한 덕목으로 일컬어지는 것이 바로 '정직'이다. 조직은 조직원들 간의 신뢰를 밑바탕으로 만들어지고, 운영되기 때문이다. 정직한 말과 행동은 어느 한순간에 이루어지는 것이 아니다. 어렸을 때부터 차곡차곡 채워나가야 하는 것이다.

스스로 책임지는 강한 아이로
키우고 싶은 아빠에게

요즘은 대부분 아이를 한둘만 낳다보니, 아이를 귀하게 키우려는 노력이 경쟁하듯이 벌어지고 있다. 고학년이 되어도, 심지어 대학생, 직장인이 되어도 자식의 뒤를 따라다니는 부모들의 웃지 못할 에피소드들이 눈앞에서 펼쳐지고, 신문지상에 오르내린다.

모든 것을 부모에게 의지하는 아이들이 늘고 있다. 문제는 아이들이 계속 부모에게 의지하면서 나약해진다는 것이다. 평생을 부모가 보살필 수 있다면 모르지만 결국 부모 곁을 떠나야 할 아이들이다. 때문에 아이가 자신의 길을 착실하게 밟아나갈 수 있도록 때론 엄하게 다스릴 필요가 있다. 이는 어릴 때부터 자신의 일은 스스로 하도록 하고, 그 일에 책임지는 습관을 길러주는 것부터 시작된다.

　아이의 바쁜 생활이 안타까워서 옷 정리, 방 청소, 등하교 지원 등 아이의 일은 모조리 엄마, 아빠가 대신하고 있지는 않은가? 이는 아이가 직접 해보면서 하나씩 익히고 배울 기회를 빼앗고 있는 것일 수도 있다. 아이에게 맡겨진 일은 아이가 스스로 하도록 도와는 주되 부모가 모든 것을 다해서는 안 된다. 매사에 스스로 할 수 있도록 기회를 주어야 한다. 이는 아이를 독립심 있고 책임감 있는 아이로 자라게 만든다.

　아이라면 당연히 실수하게 마련이다. 안타깝고 조마조마하더라도 일단 지켜보자. 중요한 것은 실수가 아니라 거기에는 반드시 책임져야 할 결과가 있다는 것을 가르쳐주는 것이다. 전문가들은 아이가 감당할 만한 결과를 경험케 하고 책임지게 하는 것은 아이 양육에서 꼭 필요한 과정이라고 입을 모은다. 실수하고 문제가 생겼을 때, 아빠가 어떻게 일깨워주고 격려해주느냐에 따라 아이의 다음 행동은 확연히 달라질 것이다.

　어떤 행동이 허용되고 또 나쁜 행실의 결과는 무엇인지 아이가 분명하게 이해해야 한다. 기억해야 할 것은 아빠가 수긍할 수 있다고 하여 아이도 당연히 수긍할 것이라고 생각하는 것은 옳지 못하다는 점이다. 아빠가 취한 말과 행동에 대해 아이의 마음속에 의문점이 남아있지 않게 하는 것 또한 중요하다. 한 아빠는 아이의 행동에 대한 결과를 미리 생각해 두었다가 적절하게 반응할 준비를 해 둔다고 한다. 여러 대안을 생각해 두면 서로 의견이 달랐을 때 아이와 정면으로 충돌하는 것을 피할 수 있다.

마냥 예쁘고 안쓰럽지만 아이에게 그들의 행동에 대한 결과를 책임지게 하는 것은 정말로 하기 힘든 일 중 하나일 것이다. 아동 심리학자 데일 야곱은 저서 《입술을 봉하라》에서 다음과 같이 말한다. "우리가 살아가면서 무슨 일을 하든지 거기에는 반드시 결과가 있기 마련이다. 만약 전기세를 내지 않는다면, 전기의 혜택을 받지 못할 것이고, 일을 잘못하거나 직장에 나타나지 않으면 해고당할 것이다. 아이들이 스스로 책임지는 것을 배우게 하려면 아빠는 아이들 스스로가 선택한 것에 대하여 책임져야 할 결과를 경험하게 해야 한다."

아이는 아빠와의 대화를 통해 성장한다

끝없는 투정, 말 한마디로 달라진다

게임 시간은 줄고, 대화 시간은 늘고

아빠가 꼭 알아야 할 칭찬과 꾸중의 법칙

PART ★ 3

아이의
생활 습관을 바꾸는
아빠 대화법

아빠가 아이의 행동을 지적하는 일은 아빠나 아이 모두에게 부담되는 일이다. 아빠는 아이에게 부정적인 이야기를 해야 한다는 부담감이 있고, 아이는 아빠에게 잔소리를 듣게 되기 때문이다. 이러한 부담감 때문에 해야 할 지적을 하지 않는 것은 오히려 더 큰 문제를 가져온다.

• chapter 1 •

아이는 아빠와의 대화를 통해 성장한다

세 살, 습관을
고쳐야 할 나이

부부 싸움을 했다거나 기분이 좋지 않을 때면 평소에 대수롭지 않게 넘겼던 아이의 행동에 괜한 언성을 높여가며 지혜롭지 못한 행동들로 아이의 마음을 다치게 하는 아빠들이 너무 많다. 따져보면 아이의 잘못만도 아닌데 말이다. 아빠라는 이름으로 하는 실수는 이뿐만이 아니다. 아빠 자신도 고치지 못한 묵은 습관들을 아이에게는 고치라고 강요하거나 집착한다. 예를 들면 아이가 자신감이 없거나 발표력이 부족하고 내성적인 여러 가지 행동들을 보이면 자신을 닮아 그럴 수도 있다는 생각은 뒤로 하고 아이에게 지적하고 훈계하며 그런 행동이 달라지기만을 바라는 것이다.

지금 내 아이의 모든 언어 습관과 행동 습관은 아빠가 보여준 습관의 결과라고 해도 과언이 아니다. 하지만 아빠들은 아이의 못마땅한 행동을 볼 때마다 잔소리만 한다. 잔소리를 하고 또 해도 달라지지 않는 아이의 행동을 보면 더 화가 난다. 참다 참다 터지면 더 크게 화를 내어 아이의 마음에 상처를 내버린다. 이런 일을 반복하면서 점차 아빠와 아이의 관계는 더욱 나빠지고 아이의 문제행동은 더 심해지면서 아빠와 아이 모두 분노와 미움으로 상처받는 악순환이 반복된다.

| 아이의 버릇을 고치는 일은 엄마보다는 아빠가 적격 |

아이의 모든 면이 마음에 들지는 않을 것이다. 마음에 들 수도 없다. 사람이라면 누구나 단점을 가지고 있기 때문에 나쁜 행동이나 습관이 나타나는 것은 당연하다. 중요한 것은 고쳐야 할 아이의 문제행동이 무엇인지 아빠가 알아야 하며, 이를 어떠한 방법으로 고칠 수 있는지 끊임없이 고민하고 배워야 한다는 점이다.

'세살 버릇 여든 간다'는 속담이 있다. 나쁜 버릇은 고치기 어려우니, 처음부터 버릇을 잘 들여야 한다는 뜻이다. 그런데 습관이나 버릇을 고치는 데 왜 세 살을 이야기하는 걸까? 아이가 감정을 배울 수 있는 결정적 시기는 만 3세까지인데, 이 시기에는 변연계(정서를 담당하는 뇌 영역)의 신경회로가 급속히 발달한다. 그 이전까지는 아무리 지적해도 아이들이 그것이 무엇인지 잘 모른다는 것이다. 즉 아이가 만 3세가 되기 전에는 아이 뜻대로 하도록 최대한 배려하고, 잘못한 행동을 하더라도 못본 척하고 눈감아주는 게 최선이다. 이런 정서 발달의 중요한 시기에 심하게 야단을 맞거나 학대를 당한 아이들은 변연계가 손상돼 성인이 된 후에도 사회에 적응을 못한다는 연구 결과가 있다. 폭력적이고 사회성이 떨어지는 문제아 대부분이 어린 시절 아빠가 소리를 지르고 때리는 행동을 많이 보여주었다는 조사 결과도 있다.

따라서 아이들의 나쁜 버릇이나 습관을 고쳐주는 것은 3세 이후가 적당하다. 그리고 아이의 습관을 바꾸는 것은 정서적으로 친한 엄마보다는 아빠가 더 객관적인 기준을 가지고 지도할 수 있다.

| 6~7세 아이라면 따끔하게 혼내는 것도 방법이다 |

3세부터 5세까지 아이의 나쁜 습관을 고치고 싶다면 인내심을 가지고 아이의 자존심을 다치지 않도록 대화하는 수밖에 없다. 특히 위험하거나 잘못된 행동을 할 땐 결과를 알려주면서 왜 그런 행동을 하지 말아야 하는지 설명해주는 것이 좋다. 이 시기에 오히려 아이를 잘못 혼내면 성격이 비뚤어진 아이로 자랄 수 있다.

대화로 따끔하게 혼내는 것이 효과적일 때는 아이가 자기 행동의 잘잘못을 따질 줄 알게 되는 만 6, 7세경부터다. 이땐 아이에게 불이

익을 주는 방식으로 벌을 주는 게 효과적이다. 벌은 손 들고 있기, 청소, 심부름 등이 적당하다.

아이의 문제행동에는
반드시 이유가 있다

아이들을 키우다보면 아이들의 모든 행동들이 다 예쁜 것은 아니다. 미운 짓을 골라하는 날도 허다하다. 그럴 때면 눈에 거슬리는 행동들이 하루에도 여러 번 눈에 들어올 것이다. 이것저것 잘못을 해도 아이니까 그러려니 하고 넘기다보면 제멋대로인 아이로 자라 아무도 감당할 수 없는 심각한 지경에 이르기도 한다. 특히 아이를 처음 키우는 부모들은 아이들의 문제행동들에 대해서 어떻게 대응해야 할지 몰라 갈팡질팡한다. 많은 아빠들이 일단 택하는 방법은 버릇을 고쳐야겠다 싶어 심하게 야단을 치거나 매를 드는 것이다. 다음은 부모님들을 힘들게 하는, 아이들이 흔히 보이는 문제행동들이다.

- 떼를 쓴다.
- 울음으로 모든 것을 표현한다.
- 때리고, 물고, 차고, 밀고, 성질을 부리고, 욕설을 하며, 물건을 부수거나 던진다.
- 장소를 가리지 않고 뛰어 돌아다닌다.
- 지긋이 앉아있지 못하고 금방 자리를 뜬다.
- 아무 것도 하지 않은 채 멍하니 돌아다닌다.
- 높은 곳에 올라가 뛰어내린다.
- 자주 소리를 지른다.
- 산만하며 집중력이 없다.
- 놀이방식이 늘 똑같고 변화나 발전이 없다.
- 블록이나 장난감 자동차 등을 늘어놓는다.
- 창이나 문이 조금만 열려있어도 돌아다니며 모두 닫아버린다.

위에서 제시한 아이들에게 나타나는 문제행동의 원인들은 다음 세 가지로 나눌 수 있다.

첫째, 아이에게 원인이 있는 경우이다. 아이에게 신체적으로 결함이 있다거나 정신 발달이 다른 아이에 비해 뒤떨어질 때 나타나는 행동이다.

둘째, 아이의 환경이 부적당한 경우이다. 다시 말해서 환경적인 요인으로 문제행동이 발생한다. 가정 내에서의 행동 지도는 주로 이 문제에 초점이 맞추어져 있다.

셋째, 아빠의 인격과 지도에 결함이 있을 때 생겨난다. 이 경우는 상당히 문제가 되는데, 실제로 지도를 해야 하는 아빠가 문제가 있으므로 제대로 아이들의 문제를 가려내고 지도하기가 상당히 어려워진다. 이런 문제에서 벗어나기 위해서는 끊임없이 자신의 문제해결 접근방식을 평가해야 한다. 이외에도 개개인에 따라서 다양한 원인들이 존재할 수 있다.

| 원인이 무엇인지 먼저 물어보자 |

결국 어떤 이유에서든 아이들이 하는 문제행동에는 분명히 원인이 있으며, 자신의 욕구가 채워지지 않기 때문에 그 욕구를 채우고자 신호를 보내는 것이다. 그럼에도 불구하고 아이의 욕구가 무엇인지 관심을 가져주기는커녕 오히려 혼내기만 한다면 아이들은 비뚤어질 수밖에 없다. 아이의 잘못을 지적하기 전에 "아이가 가지고 있는 욕구는 무엇인지?", "무엇 때문에 그러는 것인지?", "어떻게 하면 해결될 수 있는지?"를 대화를 통해서 풀어간다면 오히려 쉽게 문제행동을 줄이거나 습관을 바꿀 수 있다.

아이는 당연히 주변 사람들의 관심을 받고 싶은 욕구와 따뜻한 사랑을 받고 싶은 욕구가 많다. 그래서 때론 사랑받고 싶다는 표현을 울음이나 과격한 행동으로 표현하기도 한다. 그것이 아이들의 방식이기도 한 것이다. 하지만 이럴수록 어른들은 야단치거나 체벌로 다스리려고 하니 아이의 행동은 더욱 과격해질 수밖에 없다.

아이가 진정으로 원하는 것을 주지 않는 가운데 이루어지는 아빠의 체벌은 더욱 문제를 확대시킬 뿐 아무런 도움이 되지 않는다. 실제로 고집을 피우며 막무가내로 떼를 쓰는 아이에게 타일러도 보고 겁을 주기도 했지만 뜻대로 되질 않았다. 급기야 아빠는 자기 감정에 못 이겨 아이의 엉덩이를 때렸다. 하지만 아이를 때리고 혼낼수록 잘못이 고쳐지기는커녕 더 심해진다는 사실만 깨닫게 됐다. 결국 아빠는 자신이 원하는 기준을 일방적으로 강요하지 않기로 마음을 바꾸고 대화를 통해서 아이의 행동을 바꾸기로 하였다. 그 결과 집안은 훨씬 조용해졌다.

| 떼를 쓸 땐 무관심한 것도 방법이다 |

문제행동이 나타나기 시작하면 아이를 무조건 혼내거나 행동을 고치기 위해서 무리하게 대하지 말고 되도록이면 많이 보듬어주는 것이 좋다. 그래도 아이는 막무가내일 때가 있다. 그럴 땐 차라리 모른 척 무관심한 태도를 보여보자. 그러면 아이들은 아빠가 왜 그러는지 이해가 안 되어 자신의 행동에 대해 생각을 하게 된다. "왜 나에게 관심이 없을까?", "어떻게 하면 나에게 관심을 가질 것인가?"를 고민하게 되

고 결국 아빠가 원하는 방향으로 행동을 바꾸게 된다.

하지만 이러한 아이 양육 방법은 늘 야단치며 아이의 습관을 고쳐왔던 아빠들에게는 생각보다 힘이 든다. 화가 머리끝까지 났을 때 참는다는 것은 절대 쉽지 않기 때문이다. 아이는 한두 번 안아준다고 해서 금방 달라지지 않는다. 포기하지 말고 꾸준히 인내심을 갖고 해나가야만 아주 조금씩 달라진다.

무조건 아빠만 노력해야 하는 거냐고 불평하는 아빠도 있을 것이다. 하지만 평생 그러라는 건 아니다. 인생에서 중요한 아동기와 청소년기는 한때다. 이 혼란스러운 시기만 잘 지나면 되니 그때까지만 참아달라는 것이다.

아이의 행동 습관을 바로잡는
대화 원칙

　　　　　　　　　　아이들의 문제행동을 고치는 방법은 원인을 알고 그에 따라 사랑으로 보살피는 것이었다. 그러나 사랑으로만 해결하기에는 너무 힘들 때가 많다. 결국 문제는 대화로 풀어야 하는 것이다. 대화로 풀기 위해서도 나름대로의 원리가 있다.

| 첫째, 아이는 단호하고 구체적으로 표현해야 알아듣는다 |
아이들의 문제행동을 바꾸기 위해서는 문제점을 직접적이고 구체적으로 지적해야 한다. 아이들은 구체적인 것만 이해할 수 있다. 구체적이라는 것은 사물을 직접 경험하거나 지각할 수 있도록 말해야 한다는 것이다. 즉 눈으로 볼 수 있거나 만질 수 있는 것을 말한다. 아이들

에게 문제행동을 직접적으로 지적하기 어렵다고 해서 은유법을 쓰거나 상징물을 써서 이해시키려고 하면 오히려 아이들은 혼란스러워한다. 애매하게 지적해도 아이들이 잘못을 깨달을 거라는 생각은 버려야 한다.

오히려 구체적이지 않은 모호한 표현은 설득력을 떨어뜨릴 뿐만 아니라 아이가 해야 할 행동을 결정할 때 혼란스러울 뿐이다. 아이의 행동을 바꾸고 싶다면 단호하게 표현하자.

● 모호한 표현과 단호한 표현의 차이

모호한 표현	단호한 표현
너 똑바로 해!	집에 와서는 복습을 해야 해.
너 문제가 많구나?	넌 물건을 자주 잃어버리는 게 단점이야.
너 어른이 말하는데 듣는 태도가 그게 뭐니.	어른이 말할 때는 똑바로 앉아서 들어야 하는 거야.
참 지저분하구나.	방 청소는 잘해야지.
말 좀 들어 먹어라.	집에 오면 책 좀 읽어.
너 알아서 하면 안 되니?	아빠가 이야기하면 심부름을 다녀와야지.
제발 부탁인데, 말 좀 들어라.	밥 먹을 때는 입을 다물고 먹어야지.
꼭 그래야겠어?	동생하고 싸우지 마라.
너 요새 아빠 마음에 안 들어.	늦게 일어나지 마라.

아이가 아빠에게 "똑바로 해!"라는 말을 들었다고 가정해보자. 아이는 무엇을 어떻게 해야 똑바로 하는 것인지에 대해 도대체 알 수가 없다. 아이가 받아들인 것은 단지 그 말을 들었을 때의 분위기와 억양과 태도에 따른 느낌뿐일 것이다. 아이는 아빠가 한 말에 대해서 똑바로 이해하지 못하기 때문에 스스로의 잘못을 깨닫지 못한 채 여전히 잘못된 행동을 하게 된다.

아빠와의 약속을 잘 지키지 않는 아이가 있다고 하자. 아빠는 그런 아이가 여간 신경 쓰이는 게 아니다. 오늘도 약속을 안 지키는 아이에게 아빠는 이렇게 말했다. "너 오늘도 약속을 안 지키면 좋지 않아." 약속을 잘 안 지키는 아이에게 "좋지 않아"라는 말은 모호하다. "좋지 않아"라는 것은 단지 좋지 않다는 생각을 말하는 건지, 혹은 약속을 안 지키면 매를 맞는다는 건지, 밥을 굶긴다는 건지 헷갈리게 된다. 그러다 아이는 자기가 생각하고 싶은 대로 하게 된다.

아이에게 약속을 지키게 하려면 분명한 표현으로 "약속을 지키지 않으면 밥을 굶길 거야. 네가 약속을 지킬 때까지 말이야"라고 말해야 한다. 이렇게 하면 아이도 약속을 지키지 않으면 어떻게 되는지 올바른 선택에 필요한 정보를 얻게 되고, 자신에게 무엇을 기대하고 요구하는지 확실히 알게 된다. 아이의 잘못을 지적하여 행동을 고치게 하려면 모호한 표현보다는 단호하고 구체적으로 표현해야 한다.

아빠가 아이의 행동을 지적하는 일은 아빠나 아이 모두에게 부담

되는 일이다. 아빠는 아이에게 부정적인 이야기를 해야 한다는 부담감이 있고, 아이는 아빠에게 잔소리를 듣게 되기 때문이다. 그래서 하기는 해야 하지만 너무 잦은 것은 좋지 않을 뿐더러 하더라도 한 번에 효과를 봐야 한다. 그러기 위해서는 지적하는 아빠의 말투에 아이가 말을 들어야 한다는 단호하고 확고한 기대가 배어 있어야 한다.

| 둘째, 부정적으로 표현하기보다는 긍정적인 방향을 제시하라 |

아이들은 자신의 행동을 지적받으면 자신이 엄마, 아빠의 기대를 채워주지 못하고 있다거나, 아니면 스스로 부족하고 아직 미숙하다고 느끼게 된다. 이런 감정이 지속되면 아이들은 자신감을 잃거나 좌절하기 쉽다. 이런 부정적인 말들은 아이의 기분을 상하게 할뿐만 아니라 창피함, 수치심, 사기 저하, 당혹감, 심지어는 분노나 모욕감까지 느끼게 한다. 결국 아빠의 말을 자신의 잘못된 행동을 바로 잡으려는 노력으로 보지 않고 인격적 공격으로 받아들인다.

또한 비난 같은 부정적인 말은 남들에게 상처주는 말을 해도 무방하다는 그릇된 관념을 아이에게 심어준다. 따라서 아이의 부정적인 면에만 너무 초점을 맞추어서 감정적으로 표현해서는 안 되며 비난보다는 긍정적인 방향을 제시하여 행동의 변화를 요구해야 한다. 존 그레이의 《화성남자와 금성여자의 아이를 현명하게 키우는 비결》에서 제시한 부정적인 메시지를 긍정적인 방향으로 제시하는 표현들을 알아보자.

부정적인 말은 협조가 아닌 저항을 불러일으키고, 아이의 사기를 떨어뜨려 바람직한 행동으로 이끌어 가지 못한다. 그와 반대로 긍정적이고 격려를 해주는 말은 아이의 기분을 좋게 만들며 효과도 좋다. 또한 아이에게 자신감과 자존감을 느끼게 하여 스스로 힘든 일과 문제를 해결하려는 의욕을 가지게 한다.

● 부정적인 메시지를 긍정적인 방향으로 제시하는 표현

부정적인 메시지	긍정적인 메시지
네가 여동생을 때리지 않기를 바란다.	네가 여동생과 사이좋게 지내기를 바란다.
네가 떠들지 않기를 바란다.	네가 지금 조용하기를 바란다.
네가 빈둥거리지 말고 방을 치웠으면 한다.	네가 바로 지금 방을 치우기를 원한다.
네가 그런 식으로 말하지 않았으면 한다.	네가 좀 더 남을 존중하고 바른 말을 썼으면 한다.
네가 아빠한테 대들지 않았으면 좋겠다.	네가 아빠 말을 잘 따랐으면 한다.
네가 카드놀이를 그만하고 이 닦으러 가기를 원한다.	네가 지금 바로 이 닦으러 가기를 원한다.

셋째, 3분 안에 핵심만 말하라

아이가 아빠의 말에 주의 깊게 집중해서 들어주는 시간은 예상 외로 짧다. 일반적으로 3분이면 아빠의 말을 지루해한다. 따라서 3분 안에 서론-본론-결론을 다 말해야 한다. 주어진 3분 안에 아이와의 대화를 효율적으로 하기 위해서는 대화 내용의 핵심이 무엇인지, 그것을 이해시키기 위해 어떻게 표현하는 것이 좋은지를 알아야 한다.

아이에게 이야기할 때 핵심만 이야기하는 게 아니라 길게 뜸을 들이면서 말하면 듣는 아이가 지겨워할 것은 불보듯 뻔하다. 또, 잔소리로 듣게 되어 오히려 역효과가 나기 쉽다. 아빠도 습관적으로 길게 말하다 보면 이야기하고자 하는 것의 주제를 놓쳐버릴 가능성이 높다.

사람의 몸에도 급소가 있듯이 대화에도 급소가 있다. 화제의 급소를 알면 그 누구와 대화를 해도 자신 있게 할 수 있다. 이야기의 핵심에 제대로 접근하려면 결론부터 말하자. 아이에게 이야기할 때에도 마찬가지다. 결론부터 말하면 아이가 이야기의 핵심에 집중하게 되며 아이에게 아빠의 자신감 있는 모습 또한 전달된다. 아이는 아빠가 이야기하는 것을 보고 그대로 따라하는 성향이 강하다. 아빠가 화제의 핵심을 잘 이야기하고 그것을 설명해주는 것을 자주 듣게 된다면 아이도 저절로 그런 화법을 가지게 된다.

| 넷째, 흥분은 금물! 부드럽지만 단호한 어조로 말하자 |

아이에게 행동의 변화를 지시할 때는 표현 못지않게 목소리 톤도 중요하다. 격앙된 목소리, 짜증이 섞였거나 화난 목소리로 말을 할 때 아이들은 자신의 행동이 잘못되었다고 깨닫기 이전에 자신에게 화를 내는 것으로 오해하기 쉽기 때문이다.

아이의 잘못된 행동을 지적하고 훈계를 해야 할 때 가장 치명적인 것은 아빠가 쉽게 흥분하거나 자신의 감정을 조절하지 못하는 경우다. 흥분을 잘하는 아빠일수록 아이들은 "또 시작이네. 이번에는 몇 분만 참으면 될까?", "어휴, 지겨워. 저 소리"라며 진저리를 친다. 오히려 이러한 대화에서는 아이가 차분히 듣는 것이 아니라 "내가 뭘 잘못했다고 그래요?", "왜 매일 소리지르고 그래요?", "다른 애들도 다 그런단 말예요. 왜 나만 가지고 그래요?"라고 반항하기도 한다. 특히 남들 앞에서 지적하는 것은 아이에게 더 크게 반발심을 가지게 할 수 있으므로 주의를 줄 때는 아이의 상황을 배려해야 한다.

아빠가 대화의 주도권을 잡고 아이의 행동을 지적하고 싶다면 절대로 흥분하지 말아야 한다. 아빠의 갑작스런 흥분은 아이에게도 충격을 준다. 아이를 잘 타이르고 싶다면 아빠가 먼저 차분해지는 것이 필요하다. 그래서 아이에게 하는 말이 진심이라는 것을 보여주어야 한다.

| 다섯째, 대답만 하지 말고 행동에 옮기도록 해야 한다 |

대화를 통해서 아이가 행동을 바꾸고자 할 때는 아이에게 구체적인 실행 방법까지 함께 알려주어야 한다. 의외로 아이들은 행동을 고치려고 마음을 먹고서도 실행 방법을 모르기 때문에 뜻을 들이기 쉽다. 행동을 고치기 위해서는 실행에 옮기는 구체적인 방법을 알아야 한다.

　대화를 통해서 "예스"라는 확답을 얻어내는 과정도 쉽지 않다. 그러나 더욱 어려운 것은 예스라는 응답을 실제로 행동으로 옮기는 것이다. 애써 예스라는 응답을 받아놓고도 실제로 행동으로 옮겨지지 않는다면 수고를 한 의미가 없다. 따라서 아이들의 동의를 받아내는 데 그치지 말고 실제로 실천할 수 있도록 구체적으로 방법을 잘 알려주고, 행동을 촉구해야 한다.

듣는 사람의 행동을 변화시키는 '나' 전달법

아이의 나쁜 습관을 고쳐보려고 이렇게 말해보고, 저렇게 말해봐도 아이와 말이 통하지 않아 지칠 때가 있다. 이럴 때 권할 만한 것이 바로 '나 전달법(대화법)'이다. 나 전달법은 아이의 행동에 대해 아빠의 생각이나 느낌을 객관적으로 표현하는 방법이다. 아이의 행동이 아빠 마음에 들지 않거나, 바람직하지 않다고 생각됐을 때, 아빠는 마음이 불편하고 아빠와 아이 사이에는 문제가 생긴다. 이럴 때 아이한테 짜증부터 내기보다는 '나' 전달법으로 이야기해보자.

예를 들면 아이가 집 안에서 뛰어다니다가 아빠의 옆구리를 쳐서 아빠가 아플 때 "조용히 앉아서 놀아", "너 왜 이러니", "집 안에서 뛰면 안 된다고 말했잖아?", "넌 왜 이렇게 조심성이 없니?", "제발 밖에서 놀아라" 등으로 말한다면 이것은 '너' 전달법(You-message)이다. 이 경우 '나' 전달법(I-message)으로 말하면 "아야. 아빠 옆구리가 아프구나", "아빠가 깜짝 놀랐어" 등이 된다. 이러한 말들은 의미상의 주어가 나(자신)이다. 너-전달법은 부정적인 "~해라" 등의 지시어를 사용할 때가 많은데, 나-전달법은 '네 행동으로 인한 나의 느낌을 네가 잘 들어주길 바란다'는 의미다. 이 방법은 너(아이)에게 문제가 있다 또는 네가 틀렸다는 것이 아니고 '나'(아빠)에게 문제가 있으니 나를 좀 도와줘'하는 표현이다. 따라서 아이는 편한 마음으로 아빠의 말을 받아들이고 스스로 아빠를 도와주고 싶다는 생각을 하게 되어 저항감이나 반발심이 줄어든다.

다시 말하면 나-전달법이란 아이의 행동을 그대로 서술하고, 아빠 자신의 느낌을 솔직히 말하는 것이다. 나 전달법을 사용할 때는 "네가 청소를 하지 않아서 나는 기분이 속상하다"처럼 진솔하게 현재 마음을 표현하는 것이 중요하다. 나 전달법은 부정적인 행동을 고칠 뿐만 아니라 긍정적 행동을 강화할 때도 쓰인다.

- "너는 늘어놓기만 하고 누구보고 치우란 거야? 장난감 그만 가지고 놀아!"
→ 아이를 탓하며 아빠의 불쾌한 감정을 전달하는 형태다.

- "아빠가 할 일이 많은데 윤하가 장난감을 치우지 않아 아빠가 너무 힘드네!"
→ 아이를 꾸짖지 않으면서 아빠의 생각을 전달할 수 있는 방법이다.

나 전달법은 특히 아이에게 하지 말아야 할 금지행동을 정해줄 때 사용하면 아이에게 부담을 주지 않고 효과를 볼 수 있는 방법이다. 나 전달법은 내 요구를 효과적으로 전달하면서 상대방의 마음을 편하게 만드는 대화법이기 때문이다.

올바른 나 전달법으로 말을 하면 자신에게 부담스러운 이야기도 나를 생각해서 하는 말로 들리게 되어 아이가 아빠의 말에 집중하게 되고 공감하게 된다. 결국 나 전달법은 상대방에게 반감을 일으키지 않으면서 변명하지 않게 하고, 내 마음을 표현해서 내 요구를 집중해서 듣게 만드는 대화법인 것이다.

아이를 무조건 이기려고 하지 마라

옛말에 '자식 이기는 부모는 없다'는 말이 있다. 부모가 자식을 이길 수 없는 이유는 자식이 부모를 사랑하는 것보다 부모가 자식을 더 사랑하기 때문이다. 누군가를 사랑하는 사람은 그 누군가를 이겨낼 도리가 없다.

아이들은 어리기 때문에 항상 자기중심적이며, 자기가 하고 싶은 말만 생각한다. 아이는 하고 싶은 것이 생기면 아무것도 보이지 않고 그것을 관철하려고 한다. 아이를 사랑하는 부모는 아이의 뜻을 좇을 수밖에 없다. 설령 그 결정이 잘못이라고 판단되더라도 아이가 힘들어하면 들어주고 만다. 문제는 아이는 그런 부모의 마음을 잘 모른다는 것이다. 부모의 마음을 알면 그 결정에 따를 텐데 말이다.

그래서 아이는 아이인 것이다.

그런 아이를 아빠가 이기려고 하면 어떤 일이 벌어질까? 사소한 일에도 아이를 이기려고 하면 강압적으로 아이의 주장을 묵살하거나 매를 들게 된다. 그러면 아이들은 어쩔 수 없이 아빠의 의사나 결정에 따르게 된다. 아이를 자신의 뜻대로 행동하게 만든 아빠들은 일시적으로 승리감에 흡족하여 이제는 아이를 자신의 마음대로 할 수 있을 것이라는 착각에 빠질 수 있다. 하지만, 아이가 부모 요구에 따라 움직여주지 않는다는 사실을 발견하는 데는 그리 오랜 시간이 걸리지 않는다. 아이가 엇나가기 시작하면 그땐 아빠가 정신이 쏙 빠질 지경이 된다. 아이에 대한 분노와 배신감으로 아이들과 거리는 더욱 멀어진다. 아이 또한 점점 아빠와 거리를 두게 되고 둘 사이에는 미움만 남게 된다.

아빠의 억압으로 아이가 입을 닫아버리게 되면 아빠는 점점 답답해지기 시작하면서 더욱 아이를 미워하게 된다. 결국 서로 건너지 못하는 강을 건넌 셈이 된다. 한 번 관계가 무너지면 아이와 친해지려는 유화 정책을 써도 먹히지 않는다. 실제로 아이와 싸움에서 이긴 부모들이 아이들과 관계를 회복하는 데는 몇 년이 걸린 경우도 허다하다.

아이와의 싸움에서 이기는 것은 아이의 성장이나 가정의 행복에 아무런 도움이 되지 않는다. 그렇다고 아빠가 항상 아이에게 져주는 것도 바람직하지 않다. 아빠가 아이에게 항상 져주면 아이는 기세가 등등해져서 아빠를 항상 이기려고 하고, 아빠의 말을 듣지 않게 된다. 결국 아빠로서의 역할이 없어지는 것이다.

| 아이와 아빠 모두 원-원 하는 무승부 대화법 |

아빠는 한 집안의 가장으로서의 역할이 있다. 그 역할이 빛나기 위해서는 아이와의 갈등을 무조건 이기려고 하거나, 져주려고 하지 말고 무승부로 끝내는 것이 좋다. 아빠와 아이에게 모두 문제가 되는 상황에서 양쪽이 모두 기분 좋게 이겼다는 느낌을 갖도록 하는 방법이 무승부법이다.

무승부법은 문제의 원인을 찾고 가능한 해결 방법을 서로 제시하며 그중에 합의된 해결 방법으로 문제를 해결하는 토론식 방법이다. 아이가 갑자기 장난감을 사달라고 하여 갈등이 생긴다면, 아이가 그 장난감을 원하는 이유에 귀 기울여 아이의 요구를 인정해주고, 아빠는 사줄 수 없는 이유를 충분히 설명해 둘 사이의 의견을 좁혀야 한다. 그런 후 구입할 시기를 미룬다든지 아이가 요구한 것보다 조금 싼 것을 고를지 등을 합의해 실행할 수 있다. 아빠가 계속 사줄 수 없다고 주장하다가 아이와 힘겨루기에 밀려 결국 사준다면 무승부법에 실패한 것이다. 앞으로 아이와의 갈등을 어떻게 해결하면 좋을까 고민이 된다면 무승부로 대화를 끝내는 것을 목표로 삼아보자.

지금 내 아이의 모든 언어 습관과 행동 습관은 아빠가 보여준 습관의 결과라고 해도 과언이 아니다. 아이의 모든 부분이 마음에 들지는 않을 것이다. 하지만 누구나 단점을 가지고 있기 때문에 나쁜 행동이나 습관이 나타나는 것은 당연하다. 좋은 아빠가 되기 위해서는 아이의 문제행동이 무엇이며 어떠한 방법으로 아이와 진솔한 커뮤니케이션을 통해 좋지 않은 행동과 습관들을 단절시킬 것인가를 끊임없이 고민하고 배워야 한다.

• chapter 2 •

끝없는 투정, 말 한마디로 달라진다

투정은
성장의 과정이다

아이와 시간을 보낸 경험이 적은 아빠일수록 아이들이 투정을 부리기 시작하면 어디서부터 어떻게 해야 할지 속수무책일 것이다. 투정을 해결하기 위해서는 우선 투정이 무엇인지, 그 원인은 무엇인지를 알아야 한다. 투정은 아이들이 하고 싶은 것을 하지 못하거나 자신이 원하는 것이 성에 차지 않아 떼를 쓰며 조르는 행위를 말한다. 아이들이 자기 마음대로 되지 않을 경우 심하게 울거나 버둥거리는 것을 '떼'라고 한다. 투정과 떼는 미묘한 차이가 있지만 투정에 떼가 포함되므로 혼용되어 사용하고 있다.

아이들이 투정을 하는 이유는 매우 다양하다. 첫째는 아이가 무엇인가를 해보려고 하는데 못하게 하는 경우가 있고, 둘째는 아이가 필요한 것이 있는데 사람들이 알아주지 못하는 경우가 있다. 셋째는 자신의 능력보다 주위에서 더 많은 기대를 한다고 느낄 때나 자기를 알아주지 않기 때문에 나타나기도 한다. 넷째는 아이가 불안정하거나 아이를 떠받들며 키워서 행동의 원칙을 배우지 못했을 때 투정을 부린다. 다섯째는 자신이 마음먹은 대로 잘 안 될 때 힘들기는 한데 어떻게 해야 할지 모르거나 해도 잘 안 된다고 느껴질 때, 자신감을 잃었을 때 투정을 부린다. 여섯째는 자기감정을 이해하고 표현하는 능력이 부족하기 때문에 자신이 힘든 원인을 잘 몰라서 투정을 부리고 짜증을 내는 경우도 있다.

아이들은 매사를 자기중심적으로 생각하게 마련이다. 따라서 잘 놀다가 갑자기 투정을 부리는 것은 이상한 일이 아니다. 아이라면 당연한 일이고, 꼭 거쳐야 할 자아 발달의 과정이다. 아이마다 차이가 있지만 보통 투정은 생후 12개월이 지난 후부터 18개월 사이에 나타나며 24개월에 정점을 이루고, 이후에는 대화로 해결하기도 한다. 일반적으로 유아기에는 자신의 요구나 독립심이 방해를 받으면 무척 '화'를 내고 '싫어'하는 표현을 하면서 '반항'을 하게 된다. 자신의 의지를 관철하기 위해서 '폭력'을 행사하기도 한다. 아이가 투정을 부리면 무척 당황스럽고 난처하겠지만 아이 발달의 한 과정으로 이해해야 한다.

아이들의 투정을 귀찮게 여기고 고쳐야 한다고 생각하여 무조건 강압적으로 제지하려고 할 때 또는 실랑이를 하다가 결국 아빠가 져서 아이의 요구를 들어줄 때 아이의 바람직하지 않은 행동은 오히려 '강화'된다. 어렸을 때 투정을 어떻게 해결하느냐는 매우 중요한 문제다. 투정을 잘 해결하면 아이들이 바르게 자랄 수 있지만, 투정을 잘못 해결하면 평생 욕구불만을 가진 사람으로 성장하게 된다.

투정은 아이라면 누구나 하는 것이다. 아이의 투정을 다루는 것이 중요한 이유는 이에 따라 아이의 성격에 좋은 영향을 줄 수도, 나쁜 영향을 줄 수도 있기 때문이다.

아이의 마음을 안다는 것을
표현하라

앞서 보았듯이 아이들이 투정하는 원인은 매우 다양하다. 영아기에는 밤에 자다가 일어나 엄마, 아빠를 찾으면서 자장가를 불러주거나 다독거려주길 원하는데 아무도 관심이 없으면 아이는 투정을 부린다. 유아기가 되면 엄마, 아빠가 해주던 모든 것을 자신이 직접 해보고 싶어 한다. 밥을 먹을 때, 옷을 입고 벗을 때, 세수를 할 때도 마찬가지로 직접 하겠다고 떼를 쓴다. 직접 시키면 제대로 하는 것은 별로 없지만 스스로 해냈다는 성취감을 맛보고 싶기 때문이다.

투정은 조용한 아이보다는 에너지가 많고 활동적인 아이에게서 많이 볼 수 있다. 아이가 자신의 힘을 과시하려는 욕구, 주위의 관심을 끌려는 욕구의 표현이 바로 '투정'이기 때문이다. 아이는 투정을 부려 주변에서 관심을 더 받게 되거나, 마음이 풀리고 원하는 대로 되는 경우 계속해서 투정을 부리게 된다. 아이의 입장에서는 아빠가 완벽주의 성향이 있고 지배적일 경우 투정이 아빠에게서 벗어날 수 있게 해주는 수단이고 동시에 성질을 부림으로써 아빠를 제 뜻대로 조정할 수 있고, 때로는 처벌을 면할 수 있다는 것을 알기 때문이다.

투정의 원인은 다양하지만 결국 투정은 아빠가 아이의 마음을 정확히 몰라주기 때문에 일어난다고 할 수 있다. 투정은 아이의 강한 욕구가 정상적인 경로를 통해서는 해결되지 않으므로 그들이 할 수 있는 것들, 즉 우는 행동, 화내는 행동, 발을 구르는 행동, 물건을 집어 던지는 행동, 심지어는 머리를 벽에 박는 행동 등으로 나타난다.

| 일관된 다정함이 필요하다 |

정도의 차이가 있지만 아이가 하는 투정은 무언가 자신의 욕구가 충족되지 못해서 생기는 것이다. 따라서 아이들의 투정을 귀찮게 생각하고 고쳐야 한다고 생각하여 무조건 강압적으로 제지하거나 아빠 생각대로 무조건 아이의 투정을 그치게 할 때 또는 실랑이를 하다가 아빠가 져서 아이의 뜻을 들어주면 아이의 바람직하지 않은 행동을 오히려 '강화'하게 된다. 따라서 투정하는 아이가 지금 부족한 것이 무엇인지를 먼저 찾아야 한다.

그것을 찾아서 그 이유가 미숙하고 유치하더라도 다정하게 격려해주면 아이의 자율성이 발달한다. 아이의 투정이 위험하거나 남에게 특별히 해가 되는 행동이 아니라면 아이의 행동을 받아주고 용납해주는 것이 좋다.

아이의 바람직하지 않은 투정을 해결할 때는 '다정함'과 '일관성'이 있어야 한다. 다정하게 대하는 것이 무엇보다 중요한데, 아이가 투정을 한다고 해서 짜증난 표정으로 아이에게 화를 내거나 잔소리를 하는 것은 아무 효과가 없다. 아이가 투정을 부린다고 바로 아이에게 화를 내거나 손찌검을 하면 아이는 더욱 큰 소리를 지르면서 울게 된다. 그리고 아이는 더 이상 아빠 말에 귀 기울이지 않을 것이다.

투정을 부리기 시작한 아이는 이미 감정적으로 격양되어 있기 때문에 아빠가 잔소리를 하거나 꼬치꼬치 따지는 것은 아무런 효과가 없다. 아이는 듣는 척도 안할 뿐더러 대꾸조차 하지 않기 때문에 오히려 아빠만 지칠 뿐이다.

- "무척 속상했겠구나."
- "우리 은기가 힘들었겠구나."
- "이게 먹고 싶었구나."

이렇게 아이의 마음을 다독여보자. 아이는 자신의 감정이나 요구가 인정받았다고 느끼는 순간 투정은 줄어들고 화난 감정이 누그러진다.

물론, 아이에게 항상 다정하기란 힘든 일이다. 그러나 어른은 아이에게 친절하고 다정하게 대하는 것이 당연하다. 아이의 투정을 맞닥뜨릴 때마다 혹여 자신의 기분에 따라 일관성 없이 아이를 대하고 있지는 않은지 돌아볼 일이다.

투정하는 아이에게
꼭 가르쳐야 할 것

아이들은 자신의 욕구를 해결하는 방법을 모르기 때문에 투정을 부리는 경우도 많다. 밥을 먹고 싶은데 밥을 어떻게 달라고 해야 좋을지, 하고 싶은 것이 있는데 어떻게 해야 아빠가 해줄 것인지, 자신이 부족한 점이 있는데 어떻게 해야 배우는지 모르기 때문에 아이들은 투정을 하는 것이다. 이럴 때 아빠가 무작정 화를 내면 아이들의 투정은 더욱 심해질 수 있다.

| 공손하게 부탁하는 방법을 가르친다 |

아빠가 아이의 투정을 귀찮다고 생각하여 아이의 의견을 무시하고 위협한다면 아이는 더욱 반항하게 되고 투정이 더욱 심해진다. 심지

어 아이는 울면서 생각한다. '아빠는 날 사랑하지 않아. 아빠가 나를 버린대. 아빠는 분명히 새 아빠일 거야. 안 그러면 어떻게 저런 말을 할 수 있을까?'라고. 이런 상황에서 아빠는 아이에게 하고 싶은 것이 있다면 투정을 부리기보다는 공손하게 부탁하는 방법을 가르쳐야 한다.

예컨대 "아빠, 저 동물원에 가고 싶어요. 같이 가 줄 수 있어요?"라고 하게 하거나 "아빠, 학교에서 선생님이 동물을 보고 오라고 했어요. 그래서 동물원에 가야 해요"라고 말하도록 가르친다. 공손하게 부탁하는 것은 자신의 입장을 무조건 우기기보다는 그렇게 해야 하는 이유와 함께 아빠의 입장도 반영해서 요구하라고 가르치는 것이다. 아무리 말해도 아이가 아랑곳하지 않고 막무가내로 떼를 쓰며 조르면 아이가 공손하게 부탁할 때까지 무시해본다.

아빠의 적당한 무시는 아이가 '항상 제멋대로 할 수는 없다'는 것을 배우게 한다. 아이가 공손하게 부탁하면 아빠는 아이의 행동의 변화를 칭찬하고, 아이가 공손하게 부탁하는 태도를 익히게 한다. 공손한 태도에 대한 칭찬을 하고, 태도에 대한 기쁨을 표현해주면 아이는 다음에도 자신의 욕구를 해결하는 방법을 투정이 아니라, 대화로 해야 한다는 것을 알게 되어 점차 투정이 줄어든다.

| 다른 사람 입장을 배려하도록 한다 |

투정하는 아이일수록 자기중심적 사고를 하는 경우가 많다. 떼를 쓰는 아이들은 다른 사람의 감정을 거의 고려하지 않는다. 오로지 자신의 목적만 생각하기 때문이다. 투정하는 아이는 다른 사람의 감정을 배려하기보다는 자신의 감정을 수용하도록 강요한다. 이러한 아이에게는 투정을 할 때 자신의 입장보다는 상대방의 입장을 고려하는 것을 가르쳐야 한다.

아이들은 자신의 요구가 얼마나 다른 사람들에게 부담을 주는지 모른다. 그러므로 다른 사람에 대한 배려를 배울 필요가 있고, 다른 사람의 입장이 되어 그들의 감정을 느끼고 깨닫게 해주어야 한다. 다른 사람의 입장을 이해하기 위해서는 아이와 역할 바꾸기 놀이를 하는 것도 좋다.

무시하는 것도 방법이다

아이의 투정을 그치게 하기 위해서는 먼저 아이의 욕구가 무엇인지를 정확히 분석하고 그에 따라 대화를 통해 상대방의 입장을 이해시키고, 동의하게 하거나 합의를 이루어 내야 해결할 수 있는 것이 많다. 실로 아이의 투정을 줄이거나 없애는 데에는 아빠의 인내가 필요할 때가 많다.

아이의 투정을 멈추기 위해 노력할수록 투정은 더 심해지기도 한다. 아빠와 아이 간에 주도권 싸움이 일어나기도 한다. 이럴 때 아빠는 좌절할 수밖에 없다. 아이의 심한 투정은 아빠에게 배신감을 안긴다. 사랑스럽기만 하고, 모든 것을 시키는 대로 할 줄 알았던 아이가 아빠에게 맞서는 순간은 아빠에게도 충격일 수밖에 없다.

투정이 심해질수록 아이는 자신이 대화의 주도권을 잡기 위해 나름대로의 방식으로 싸우고, 아빠는 아빠대로 아빠의 힘을 주장하기 위해 서로의 대화는 평행선을 이룬다. 중요한 것은 그것이 누구에게도 도움이 되지 않고, 누가 이기든 중요하지 않는 지루한 소모성 싸움이라는 점이다. 예를 들어 아이가 땅바닥에 누워서 발을 구르면서 소리를 지르고 있다고 가정하자.

아이 아이스크림 사 줘.
아빠 안 돼. 감기 걸려.
아이 잉 잉 잉~. 빨리 아이스크림 사 줘.
아빠 사람들 많은데 창피하게 계속 이럴 거야? 혼난다.
아이 (계속 울기만 한다.)
아빠 알았어. 알았어. 이번 한 번만 사주는 줄 알아.

이때 아빠가 아이의 행동 때문에 당황하고 어쩔 수 없이 아이스크림을 사 준다면 그것은 아이의 행동이 가지는 힘을 강하게 만들어 줄 뿐이다. 이럴 때에는 경고를 하고 아이가 우는 것을 무시해야 한다. 물론 이 과정에서 아빠의 마음은 찢어지게 아플 것이고, 사람이 많은 곳이라면 창피하기까지 할 것이다. 그렇다고 해서 그 자리를 모면하고자 대충 달래다 보면 결국 아이는 지루한 싸움에서 이기게 되고 아이는 이러한 승리의 경험 때문에 나중에도 투정을 심하게 부리면 이길 수 있다는 생각을 갖게 된다. 그렇게 되면 이제 아빠는 항상 아이의 투정을 받아들여야만 한다.

주도권을 잡는 일은 오랜 시간이 필요한 법이다. 그러므로 아이의 소모성 투쟁에 대해서는 일정 기간 무시하는 것도 필요하다. 사람은 누구든 말리는 일은 더 하고 싶지만 하라고 하는 일에 대해서는 오히려 흥미를 잃어버리는 경우가 많다. 따라서 대화가 통하지 않는 아이들에게는 그들이 무엇 때문에 투정을 부리던 계속 하도록 놔두자. 이는 지루한 아이와의 싸움에서 벗어나게도 하고 투정을 줄일 수도 있는 좋은 방법이 된다.

아이의 지나친 투정에 대해서는 무관심으로 일관하여 다시는 그런 투정을 해서는 아무것도 얻을 수 없다는 생각을 갖게 해야 한다. 그러려면 아빠는 공공장소에서 아이가 땅바닥에 누워 몸부림치더라도 참아야 한다. 다른 사람들의 따가운 시선을 참고 견뎌야 한다는 말이다. 아이에게 그런 행동이 아무런 힘이 없다는 것을 확인시켜주기 위해서이다. 그러면 아이는 누군가 도와주지 않는다면 그러한 행동을 계속 고수하지 못하게 되고 자신의 행동을 고치게 된다.

투정, 이렇게 하면 고칠 수 있다
: 상황별 대처법

 아이가 투정을 시작하면 엄마, 아빠는 웃으며 가볍게 말로 타이를 때가 많다. 그러나 그것으로 말을 들을 아이들이 아니다. 투정을 부렸는데도 엄마, 아빠의 반응이 성에 차지 않으면 끝까지 울며 버틴다. 심하게는 한 시간 이상 울음을 멈추지 않는다. 엄마, 아빠는 애들이 잘못될까봐 한두 번은 그냥 들어주다가도 이대로 두면 안 되겠다 싶어 때로는 아이들과 기싸움을 하기도 한다. 그러면 아이들은 더 큰 소리로 울고, 부모들은 더욱 난감해진다.
 투정은 아이들이 막무가내로 하는 것이지만 투정을 하는 이유가 분명히 존재한다고 했다. 따라서 아이가 투정을 하는 이유나 원인을 잘만 분석하면 해결 방법은 있게 마련이다. 우선 상황에 따라서 아이들이 투정을 부릴 때에 어떻게 이야기해야 말이 통하는지를 알아보면, 다음과 같다.

| 아이가 잠투정을 부릴 경우 |

아이의 잠투정은 아빠를 힘들게 한다. 아이를 재우기 위해서 끝없이 옆에서 흔들어주거나 재워주어야 한다. 아이가 잠투정을 하는 데는 여러 가지 이유가 있다. 잠이 들면 엄마, 아빠와 멀어진다는 분리불안 때문에 깊이 잠들 때까지 계속 칭얼거릴 수 있다. 낮잠을 많이 자거나 잠자는 시간, 일어나는 시간이 불규칙할 경우, 잠자리가 불편할 때도 잠투정이 심해진다. 또 몸이 아프거나 환경 변화, 스트레스 등의 이유로 일시적으로 그럴 수 있다.

　일단 아이가 잠투정을 할 때 같이 짜증을 내거나 야단을 치는 것은 전혀 효과가 없다. 아이가 불편해하는 이유를 먼저 알아보고 그에 맞게 대처하는 것이 필요하다. 아이의 불안한 심리를 없애주고 편안히 잠들도록 유도하는 것이 중요하다. 아이의 취침, 기상 시간을 일정하게 습관을 들이는 것은 필요하지만 졸립지도 않은 아이를 억지로 특정 시간에 재우려 하지는 않아야 한다. 융통성 있게 아이가 졸릴 때 편안히 잘 수 있게 해준다. 또한 아이가 잠자기 전에 잠잘 준비를 했는지 체크한다. 다른 식구들은 TV를 보면서 아이만 자라고 하면 안 된다.

　가족 모두가 잠자리에 눕고 조명도 꺼야 한다. 아이의 잠자리에 아빠가 같이 누워 책을 읽어주거나 이야기를 들려준다. 이때 아이에게 신체마사지를 해주는 것도 좋다. 아이가 쉽게 잠들 수 있는 편안한 분위기를 만드는 것이 가장 중요하다. 만약 일시적으로 잠투정이 심해진 거라면 일단은 어느 정도 받아주는 것이 필요하다. 아이 나름대로는 아빠에 대한 불만이나 불편을 그런 식으로 표현할 수 있다. 그럴 때는 "아빠가 너를 정말 많이 사랑한단다"는 애정 표현을 자주 해주자.

| 장난감을 사달라고 투정을 부릴 경우 |

아이들과 쇼핑을 하거나 장난감 가게를 지나가다 보면 아이들이 장난감을 사달라고 떼를 쓰는 경우가 많다. 심지어는 바닥에 누워서 소리소리 지르면서 우는 아이도 있다. 이런 경우 대부분 많은 아빠들이 마지못해서 장난감을 사주거나 아니면 떼를 못쓰도록 때리거나 무섭게 혼을 낸다.

　아이들이 장난감을 사달라고 하는 떼를 쓰는 이유는 TV에서 봤거나 매장을 지나다 호기심이 생기거나, 뭔가 색다르게 느껴져 갖고 싶다는 생각이 들기 때문이다. 그러나 아이가 투정한다고 해서 다 사줄 수는 없는 일이다. 경제적으로도 부담이 되지만, 이는 아이의 투정을 더욱 조장할 뿐이다.

　SBS 〈우리 아이가 달라졌어요〉에서 5살짜리 남자아이인 영서의 장난감 투정을 고치는 내용이 방영된 적이 있다. 영서는 워낙 장난감을 좋아하여 밖에 나갈 때마다 장난감을 사달라고 떼를 썼으며 아빠는 이를 이기지 못하고 매번 영서의 뜻을 들어주었다. 문제는 영서가 아빠가 사온 장난감을 한 번 가지고 논 후에는 바로 싫증을 내면서 버린다는 것이었다.

　장난감은 사용 방법도 제대로 알기 전에 버려졌으며 그러고는 바로 또 다른 장난감을 사달라고 계속 졸랐다. 영서는 자기가 가지고 논 장난감을 치우기는커녕 여기저기 획획 던져버려 아빠는 장난감 정리하는 것만으로도 버거웠다. 영서는 집에서만 그런 것이 아니라 마트에 가서도 떼를 쓰는 통에 마트에서도 유명하였다.

　답답했던 아빠는 급기야 방송국에 문의를 하였고 이에 아동 교육 전문가들은 영서의 투정을 고치기 위하여 다음의 조치를 하도록 제안하였다. 영서의 투정을 해결하는 방법으로 첫째, 장난감을 잘 치우거나 아빠 심부름을 하거나 착한 일을 하였을 때에 스마일 스티커를 붙일 수 있도록 표를 만든 후 스마일 스티커 5개를 모으면 상으로 장난감을 사준다고 약속을 하였다.

　둘째, 장난감 치우기 등 집에서 지키기로 한 약속을 영서가 직접 써서 잘 보이는 곳에 붙여놓고 항상 상기시켰다.

셋째, 장난감을 사달라고 투정을 부리는 등의 행동을 할 때에는 벌로 벽을 보고 생각하는 시간을 주고 무엇을 잘못했고, 왜 자신이 투정을 부리는지에 대해서 스스로 생각하고 대답하도록 하였다.

넷째, 잘못하였을 경우 "잘못했습니다"라고 말하도록 하였다.

이렇게 전문가의 처방대로 실천하자 결국 영서는 장난감을 사달라고 투정부리는 일이 줄어들었다.

| 밥투정을 할 경우 |

매 끼니마다 아이와 전쟁을 치르는 가정이 많다. 엄마, 아빠는 밥을 먹이려고 하나 아이는 밥을 먹지 않으려 하기 때문이다. 밥투정은 아이들이 먹고 싶은 것이 따로 있거나 편식 때문에 생기는 경우가 많다. 예를 들어 밥보다는 과자나 치킨을 먹고 싶거나, 아이가 먹고 싶은 반찬이 없으면 밥을 안 먹는 경우를 말한다. 밥투정은 병적인 것이라기보다는 성장 과정에서 자연스러운 현상이지만 부모에게는 큰 스트레스가 된다.

아이들이 밥투정을 하며 밥을 먹지 않으려고 하면 아예 밥을 안 먹을까봐 부모들은 무조건 아이의 요구를 들어주는 경향이 강한데, 아이는 이처럼 한두 번 아빠나 엄마를 이기게 되면 앞으로도 계속 투정을 부리게 된다. 투정을 부리면 맛있는 반찬을 새로 만들어준다는 사실을 알게 되었기 때문이다.

많은 엄마, 아빠들이 아이들이 투정을 하면 당장 그 상황을 모면하기 위하여 아이들과 타협을 하게 된다. 반찬 투정이라도 하면 그 상황을 벗어나기 위하여 "이거 먹으면 네가 좋아하는 장난감 사줄 거야. 어서 먹어라"라는 식이다. 그러나 문제는 이렇게 타협을 하다 보면 아이는 자신이 꼭 해야 할 일을 하고도 보상을 받기 때문에 오히려 해야 할 필요를 못 느낀다. 따라서 타협보다는 아이를 설득하고 권유하여 투정을 해결해야 한다. 가령 멸치를 골라내고 먹는 아이에게는 "멸치를 안 먹으면 뼈가 약해질 수 있어. 아빠는 네가 뼈가 부러질까봐 걱정이 돼"라는 식으로 설득을 하는 것이다.

밥을 앞에 두고 아이가 투정을 부릴 때 아빠는 순간의 감정에 충실하기 쉽다. 예를 들어서 아이가 사랑스러울 때는 '우리 아이가 굶어서 어떡해'라는 생각에 밥 대신 아이가 좋아하는 음식을 주다가도 아이가 미울 때는 갑자기 혼을 내기도 한다. 이는 아이를 혼란스럽게 할 수도 있다. 따라서 아이가 원하는 것을 주어서 투정을 일단 해결해야 할 것인지? 아니면 혼을 낼 것인지를 먼저 결정해서 일관성을 유지하는 것이 아이의 밥투정을 줄이는 방법이 될 것이다.

엄마, 아빠는 아이들 밥 먹이는 것에 강박을 갖고 있다. 아이가 밥을 안 먹으면 금방이라도 몸에 문제가 생기거나 성장기 아이가 제대로 자라지 않는다고 생각하기 쉽다. 아이가 밥 먹는 것에 대해 예민할 수밖에 없다. 아이는 자신이 밥을 먹지 않으면 부모님이 무엇이든 들어줄 것이라고 생각하고 밥투정을 불만을 표출하는 계기로 삼고 힘겨루기를 한다. 아빠가 집중하면 할수록 아이는 반대로 행동하기 쉬워서 해결이 더 안 되는 것이다.

따라서 아이를 '잘 먹여야 한다'라는 욕심을 버리고 '한두 끼 안 먹어도 생명에는 지장이 없다'라는 식으로 조급함을 버리는 자세가 필요하다. 결국 아이는 아빠가 자기가 밥을 먹지 않아도 아무 변화가 없다는 것을 깨닫게 되고 결국 본인만 배가 고파져서 손해라는 것을 경험하면 밥투정을 하지 않게 된다.

투정하는 아이에게 이런 식 저런 식으로 해보아도 아이가 투정을 멈추지 않는다면 마지막으로 할 수 있는 방법은 아이가 좋아하는 일을 금지시키는 것이다. 예를 들어 "너 지금 식탁에 앉아서 밥 다 안 먹으면 네가 좋아하는 만화 못 본다"라고 아이에게 말해보자. 아이에게 하고 싶은 일을 못하게 하면 아이는 처음에는 충격을 받아서 더욱 투정이 심해질 수 있을 것이다. 아빠 입장에서 마음이 쓰리겠지만 조금만 참아보자. 아이는 아빠가 자기 뜻대로 되지 않는다는 생각을 갖게 되고 결국은 아빠의 뜻을 따르게 될 것이다.

아빠 얼굴보다 스마트폰 액정, 모니터 보는 시간이 더 많은 것이 요즘 아이들이다. 이는 가족 간의 대화가 줄어든다는 것 외에도 수많은 문제를 양산한다. 휴대폰을 뺏는다고, 컴퓨터를 없앤다고, 금지시킨다고 해결될 문제는 아니다. 우선 아이가 왜 게임에 그렇게 몰두하는지부터 먼저 알아볼 일이다. 그리고 게임에 대해서 서로 이야기해보자. 거기서 문제 해결은 시작된다.

• chapter 3 •

게임 시간은 줄고, 대화 시간은 늘고

피할 수 없는 유혹, 게임

요즘 아이들은 '디지털 키드'라고 불린다. 아빠, 엄마도 애써 배워야 웬만히 다룰 수 있는 첨단 기기를 잠깐 만지작거리는 듯 싶더니 어느새 부모보다 능숙하게 다루며 가지고 논다. 요즘 아이들은 디지털 유전자를 가지고 태어난다는 우스갯소리도 나올 정도다.

컴퓨터를 이용한 생활이 보편화되다 보니, 2~3살만 되더라도 컴퓨터 앞에 앉아 노는 아이도 많다. 이는 아이에게 다양한 자극과 호기심을 준다는 면에서 좋은 점도 있지만, 이에 따른 부작용도 만만치 않다. 특히 컴퓨터를 자주 사용하면서 자연스럽게 접하기 마련인 게임은 중독에 가까울 정도로 아이의 모든 관심을 빼앗아 버리기도 한다. 게임에 몰두하다보면 일단 가족 간의 대화가 없어지는 것은 당연한 일이다.

아이들의 게임에 대한 연구 결과를 종합해보면, 아이들은 일주일에 1~2번 게임을 하고, 1회 지속 시간은 1시간 미만이 가장 높게 나타났다. 아이들이 게임을 하는 이유는 "재미있기 때문에"라는 응답이 가장 많았고, CD-ROM 게임보다는 인터넷 온라인게임을 선호하는 것으로 나타났다.

적당한 게임은 문제가 되지 않지만 지나치면 큰 문제가 된다. 얼마 전에는 초등학생이 게임 때문에 집에서 2천여 만 원의 돈을 훔쳐 나와 게임방을 전전한 충격적인 사건도 있었다. 아직 판단력과 자제력이 부족할 수밖에 없는 아이이기 때문에 게임을 더 신중히 접하게 해야 하는데, 그 이유는 다음과 같다. 첫째, 요즘 게임들은 놀이로 간단히 끝나는 것이 아니라 에너지, 점수, 더 강한 능력과 같은 중독성 있는 매력으로 유인하기 때문에 한 번 게임에 빠지면 정상적인 생활을 어렵게 만든다. 둘째, 게임에서 적을 때리고, 죽이는 행위를 반복하다 보면 자신도 모르게 폭력물에 내성이 생겨 점점 강한 자극을 원하게 된다. 그러다 더 강한 자극을 주지 않으면 스스로 불안해지고 초조해진다는 연구 결과는 이미 잘 알려진 이야기이며, 실제로 게임에서 행하는 대로 잔인한 폭력을 행사하는 일들이 많이 발생하고 있기도 하다. 아직 판단력이 완전히 갖추어지지 않은 어린 시절,

이러한 게임들에 익숙해질 경우 공격적인 성향을 훨씬 많이 보인다는 점도 경각심을 가져야 할 부분이다.

셋째, 아이가 가상세계에서만 살다보면 현실감각이 떨어져서 실제 생활에 적응하기 어려워질 수도 있다. 이는 현실도피적 성격으로 이어지기도 하며, 또래집단과의 대인관계에도 문제가 생긴다.

넷째로, 건강에도 악영향을 끼친다. 가만히 앉아서 오랫동안 게임을 하면, 시력이나 어깨, 손목 등에도 문제가 생길 수도 있다. 심한 경우 쇼크사 하는 경우도 있다.

게임을 좋아하고 열광하는 아이들을 둔 부모님들은 게임을 멈추기 위해서 매일매일 컴퓨터 앞에 있는 아이와 처절한 투쟁을 시작한다. 아이가 컴퓨터를 더 이상 못하도록 거실에 옮겨놓거나 키보드를 감추기도 한다. 그러나 아이는 컴퓨터가 있는 곳이라면 어디든 찾아간다. 게임방, 친구 집, 학교 등에서도 게임에 몰두한다. 말릴수록 더욱 하고 싶기 때문이다.

결론은 게임을 줄이기 위해서는 아이에게 게임을 못하게 하는 것이 핵심이 아니라 대화로 해결해야 한다는 것이다. 아이의 게임을 멈추게 하기 위해서는 먼저 대화의 계기가 마련되어야 한다. 게임에 빠진 아이일수록 대화를 하지 않으려고 하기 때문에 우선은 대화를 시작하는 것이 중요하다.

| 아이와 같이 게임을 해보자 |

게임에 빠진 아이와 대화로 이 문제를 풀기 위해서는 우선 아이가 하고 있는 게임을 정확히 알아야 한다. "왜 우리 아이가 게임에 몰두하고 있는지?", "어떤 게임을 좋아하는지"를 알면 아이와 일단 대화를 시작할 수 있다.

K부부는 맞벌이 교사다. 어느날부터인가 아이는 아빠만 집에 돌아오면 아빠의 스마트폰으로 게임을 시작하였다. 그 이후로는 아빠가 아니라 스마트폰을 기다리는 나날이 시작되었고, 밥도 먹지 않고 게임에 열중하느라 건강에도 문제가 생겼다. 혼도 내보고 매도 들었지만, 아이의 행동에는 변화가 없었다.

별의별 방법을 동원했지만 아들의 행동에는 변화가 없었을 뿐만 아니라 대화마저도 끊어졌다. 결국 아빠는 다시 대화를 시작하려면 아들이 하는 게임에 대하여 정확히 알아야 한다는 생각을 했고, 아이가 좋아하는 게임을 직접 해보기로 했다. K씨는 아이가 좋아하는 게임의 내용, 방법, 규칙, 사용키, 스킬, 맵 등을 나름대로 공부했으나 모르는 것들이 생기자 아들에게 도움을 요청했다. 그랬더니 아이는 자신 있게 게임을 가르쳐주고 급기야는 아들과 함께 게임을 하게 되었다.

K씨는 이처럼 게임을 통해서 대화를 시작하게 되었고, 게임에 대하여 서로의 마음을 털어놓고 이야기를 하다 보니 '아이가 필요한

것이 무엇인지', '게임이 왜 재미있는지'를 알게 되었다. 결국 아빠는 게임에 몰두하는 아이의 마음을 이해하게 되었고, 아들은 아빠가 진심으로 자신을 걱정하고 있다는 것을 알게 되었다. K씨와 아들은 서로 내기를 할 정도까지 수준이 비슷해졌고, 내기를 해서 지는 사람이 이긴 사람의 부탁을 들어주기로 했다. 결국 K씨가 게임에서 이겨 아이에게 게임 시간을 조금씩 줄여가도록 부탁했고, 아이도 웃는 얼굴로 수긍했다.

    이처럼 아이가 좋아하는 게임에 대해 이해하고 아이와 게임을 하기 위해서는 많은 시간이 소요된다. 시간은 많이 걸리지만 이 방법은 아이를 이해할 수 있게도 하고, 게임을 줄일 수 있는 효과적인 방법이 되었다.

게임 탈출, 방법은 있다

어른도 게임에 한 번 빠지면 손을 놓지 못할 만큼 게임은 재미있다. 스트레스 풀기에도 안성맞춤이며, 이보다 시간이 잘 가는 놀거리도 웬만해선 찾기 어렵다. 이런 게임에서 아이를 탈출시키려면 도대체 어떻게 해야 하는 것일까? 바로, 게임보다 재미있는 것을 찾아주는 것이다.

| 게임을 대체할 수 있는 취미를 키워준다 |

아이에게 게임은 가장 강력한 유혹이다. 그렇기에 아빠가 아무리 단점을 말하더라도 아이는 게임에서 얻는 것들을 모두 포기할 수는 없다. 따라서 아이를 게임에서 벗어나게 하려면 게임이 주는 재미나 흥미와

같거나 그보다 더 큰 즐거움을 줄 수 있는 다른 활동을 찾고 개발해야 한다. 이러한 대체 활동으로는 아이가 평소에 하고 싶었던 취미 생활이나 신체 활동이 좋다. 이 경우 아빠가 어떤 것을 권하기보다는 아이 스스로 고르게 하는 것이 좋다.

실제로 은석이는 초등학교 2학년 때부터 게임 중독이다 싶을 정도로 게임만 하며 지냈다. 아빠와 엄마 두 사람이 다 직장에 다니느라 바빴기 때문에 낮에 혼자 집에 있는 시간이 많았던 은석이는 게임을 해도 방해할 사람이 없었던 것이다. 증상이 심하다고 생각한 아빠는 잔소리를 하고, 게임한 시간을 적어보고, 정해진 시간만 게임을 하기로 약속도 했지만 잘 지켜지지 않았다.

보다 못한 아빠는 예전에 은석이가 기타를 배우고 싶다고 했던 이야기를 떠올렸다. 혹시나 기타를 사다주면 은석이가 게임에서 벗어날지도 모른다는 생각에 기타를 사다주었다. 새로운 관심사가 생긴 은석이는 그때부터 기타를 배우기 위해 학원을 다니고, 인터넷에서 악보를 찾아보기 시작했다. 은석이는 게임을 하던 시간에 기타 연습을 하였고, 그 결과 은석이네 가족은 매일 밤이 되면 낮 동안 열심히 연습한 은석이의 연주곡을 한 곡씩 들어야 했다. 이제 가족 모임에서 은석이가 기타를 들고 연주하는 것이 관례가 되었다. 게임 외에는 그 어떤 것에도 관심이 없었던 은석이에게 기타는 새로운 즐거움을 선물해준 것이다.

아이가 게임에 빠졌을 때에는 강압적인 방식으로 통제하기보다는 이렇게 흥미 있는 활동으로 자연스럽게 아이의 관심사를 돌려 컴퓨터 사용 시간을 조금씩 줄여가는 것이 좋다. 운동도 아이들에게 좋은 취미 활동이 된다. 수영 같은 운동은 매일 실력이 느는 것을 눈으로 확인할 수 있어 아이들이 흥미를 느끼며 꾸준히 할 수 있다는 점에서 권할 만하다.

| 게임의 단점을 아이와 이야기해보자 |

게임을 하고 있는 아이가 스스로 게임의 단점에 대해서 생각해보게 하는 것도 게임을 줄이는 데 도움이 된다. 그러기 위해서는 아이에게 게임에만 몰두함으로써 잃어가는 것이 무엇인지를 생각하게 한다. 아이를 관찰한 결과를 보여주는 것도 좋은 방법이다. 아이는 당연히 지금 자신이 어떤 상태이지 잘 모를 것이다. 아이가 게임을 하고 있는 모습을 동영상으로 촬영을 하여 보여줄 수도 있고, 아이가 게임하는 시간을 매번 적어서 통계적 수치로 제시할 수도 있다. 게임을 하는 동안에 하지 못한 것들의 목록을 말해 보게 하거나 적어 보게 하는 것도 한 방법이다.

여기서 아이가 왜 게임하는 시간을 줄여야 하는지를 스스로 깨닫게 한다. 게임을 하지 말라고 윽박지르기보다 아이가 스스로 깨닫는 것이 더 효과적인 방법이다.

- "승우는 게임을 왜 하니?"
- "게임을 하면 어떤 점이 좋니? 게임보다 좋은 것은 없어?"
- "계속 게임만 하면 어떻게 될 것 같아."
- "만약에 게임만 하다 숙제를 못하면 엄마는 뭐라고 할까?"

대화를 할 때는 아이에게 일방적으로 게임을 못하게 하는 것이 아니라 스스로 게임의 문제점을 인식해서 스스로 자제하도록 유도하는 것이 좋다.

| 가족이 함께 할 수 있는 게임을 한다 |

게임을 하면서 혼자 시간을 보내는 것에 익숙해진 아이들과는 온 가족이 참여할 수 있는 게임을 같이 해보는 것도 좋은 방법이다. 보드 게임은 2인용, 4인용, 단체용 등 형식도 다양하고, 컴퓨터 게임만큼 재미있다. 도미노 게임은 도미노 조각을 세워서 한꺼번에 쓰러뜨리는 것으로, 함께 세우고 함께 멋지게 쓰러뜨리는 과정을 거치면서 성취감과 가족의 화목을 도모할 수 있다.

카드 게임은 장소에 크게 구애받지 않고, 게임 세팅에 필요한 시간이 거의 없어 어디서든 2명 이상만 모이면 쉽게 할 수 있다. 블록 쌓기는 아이들의 창의력과 사고력, 상상력이 커질 뿐만 아니라 신체 발달에 도움을 주며 가족이 함께 하면 가족 공동의 힘으로 구조물을 만들고 그것이 완성되었을 때에 기쁨, 만족감, 성취감을 느낄 수 있어서 좋다.

가족이 함께 게임을 중심으로 모여 앉았다면, 승부를 위해 노력하는 아이의 근성을 보며 새로운 면모를 발견할 수 있을 것이다. 또한 그동안 위엄과 격식으로 둘러싸인 아빠의 모습 대신 한 명의 플레이어로서의 새로운 아빠의 모습을 볼 수 있다는 점에서 아이들 또한 신나고 반가운 경험이 된다.

이는 항상 어른의 입장에서 늘 아이에게 으름장 놓는 아빠와 자신의 입장을 주장하는 아이가 반복해왔던 그간의 대화와는 전혀 다른 새로운 대화의 장이 열리게 되는 것이다. 가족 게임을 권장하는 전문가들의 공통된 이야기는 바로 이것이다. 마음을 열 수 있는 부담 없는 이야기로 대화의 물꼬를 터주는 가족 간의 게임은 새로운 가족 놀이 문화로 컴퓨터 게임에 빠진 아이를 구하는 역할을 톡톡히 할 것이다.

| 질리도록 게임을 하게 한다 |

이 방법은 앞에 제시한 방법들이 별다른 효과가 없을 때 사용하는 마지막 방법이다. 여러 가지 방법을 사용해보았지만 눈에 띄는 변화를 보이지 않는다면 이것저것 다른 방법을 찾으려 하지 말고 게임을 하도록 너그럽게 허용해주자. 아무리 재미있는 일도 실컷 하고 나면 지

겨워지는 법이다.

실제로 아무리 게임을 좋아했던 아이도 게임만 하도록 내버려두면 어느 순간 재미없어 한다. 아이가 게임에 질려 스스로 그만두게 하려면 "공부하기 싫으면 안 해도 좋으니 네 마음대로 게임을 해봐라"라는 식의 담담한 태도가 필요하다. 이때는 아이들이 밤새도록 게임을 해 학교에 가서 졸더라도 모르는 척하고 내버려 둬야 한다. 그러면 어느 날 아이는 게임에 싫증을 낼 것이고, 자연스레 게임 시간을 줄일 것이다.

이 방법은 아이에게 스스로 생각하는 기회를 갖게 하고, 이렇게 해서는 무언가 잘못될 것 같다는 생각을 들게 하여 스스로 게임을 줄이게 만든다. "네 마음대로 게임을 해봐라"라고 말해놓고는 걱정되는 마음에 끝까지 지켜보지 못하고 아이에게 다시 게임 이야기를 하는 부모님이 있다. 하지만, 이 방법은 그래서는 효과를 거둘 수 없다. 그런 말을 듣는 순간, 아이는 다시 게임에 열중할 확률이 크기 때문이다.

아이도 불만 없는
게임 시간 정하기

아동 교육을 연구하는 분들은 컴퓨터 게임을 줄이는 방법으로 아이들이 게임을 하는 시간을 엄격하게 제한해야 한다고 한다. 아이에게 게임을 하는 시간을 정해주고 그 시간은 엄수하도록 하고 주어진 시간을 넘기면 못하도록 하는 것이다. 구체적인 실천 방법은 다음과 같다.

| 게임 시간에 대한 주간 일정표를 작성한다 |
무조건 컴퓨터 사용 시간을 줄이려고 하지 말고 합리적인 목표를 설정한다. 예를 들어 주당 30시간 게임을 하였다면 20시간 정도로 줄이는 것을 목표로 해야 한다. 게임을 할 수 있는 요일, 한 번 할 때 가

능한 시간, 약속을 지키지 못했을 때의 벌칙 등을 아이와 상의하여 결정한다.

결정한 뒤에는 계약서를 작성하고 사인을 하여 아이와 아빠가 각각 한 통씩 보관한다. 컴퓨터를 사용할 때 잘 보이는 곳에도 붙여놓으면 게임을 할 때마다 생각하게 되어 효과적이다. 이후로도 게임을 지속적으로 제한해 나가면 된다. 이때에도 물론 합리적이고 일관된 태도가 필요하다. 조금이라도 아이에게 긍정적인 변화가 발견되면 칭찬하거나 물질적 보상 등 다양한 방법으로 보상을 해줄 수 있다.

| '컴퓨터 사용 포인트제'를 실시한다 |

컴퓨터를 사용하기 위해서는 포인트를 얻어서 그 포인트로 컴퓨터를 사용하게 하는 방법이다. 예를 들어 아이가 책 한 권을 읽을 때마다 1 point씩 주고, 이 1 point는 컴퓨터를 1시간 동안 사용할 수 있는 점수로 대체하게 한다. 컴퓨터를 사용하려면 책 1권을 꼭 읽어야만 하는 것이다. 책을 읽고 나면 독서록에 기록도 남겨두어야 하는데 이를 지키지 않으면 포인트가 있어도 컴퓨터를 사용할 수 없게 한다. 아이가 착한 일을 해도 포인트를 준다. 여기서 착한 일은 공부를 포함하여 독서, 운동, 방 청소, 동생 돌보기, 심부름 등 광범위하게 설정할 수 있다.

'컴퓨터 사용 테스트제'를 실시한다

아이에게 학습 문제를 내준 후 일정 점수 이상의 성적을 거두어야만 컴퓨터를 사용할 수 있게 하는 방법이다. 아이는 컴퓨터를 사용하기 위해서는 테스트를 통해 일정 점수 이상을 받아야 하고 그러기 위해서는 공부를 열심히 하지 않을 수 없게 된다. 아이에게 컴퓨터 사용의 규칙을 지키게 하면서 공부도 하게 할 수 있는 일석이조의 방법이다. 이는 무조건 잔소리하고 야단치는 것보다 합리적인 방법으로 아이에게 더욱 설득력 있게 다가갈 수 있다.

하지만 게임 중독을 물리칠 수 있는 가장 본질적이고 중요한 핵심은 아이의 의지다. 따라서 아이에게 게임 중독증의 폐해를 설명해주고 의지를 갖고 실천하도록 도와주는 것이 필요하다.

★ Tip 아빠의 한마디 ★

아이의 올바른 컴퓨터 사용을 위해 아빠가 해야 할 일은 다음과 같다.

1. 컴퓨터는 가족이 공유하는 장소에 놓는다.
2. 아이들과 함께 적절한 사용 규칙과 가이드라인을 정한다.
3. 개인 정보를 함부로 공개하지 않도록 각별히 주의시킨다.
4. 아이들이 온라인에서 즐기는 것들에 대해 자주 대화한다.
5. 규칙을 어기면 사용 시간을 통제한다.

위인들의 업적을 찬찬히 살펴보면 그들 혼자 이룬 성과가 아니라는 것을 알 수 있다. 그 뒤에는 조력자와 더불어 그들이 전하는 참된 칭찬과 격려가 있었다. 이들의 평범했던 인생을 바꿔놓은 마법의 언어인 칭찬과 격려. 이는 사람이 갖고 있는 능력과 잠재력을 최대한 활용하도록 만드는 촉진제다.

•chapter 4•

아빠가 꼭 알아야 할 칭찬과 꾸중의 법칙

칭찬할 것이냐 야단칠 것이냐
그것이 문제로다

칭찬할 것이냐, 혼을 낼 것이냐. 아이가 못한다고, 아빠가 짜증이 난다고 혼을 내자니 아이가 기가 죽을 것 같다. 그렇다고 마냥 칭찬만 해주면 아이가 기고만장해질 것 같다. 딱 부러지는 정답은 없다. 다만 확실한 것은 칭찬에는 아이의 자신감을 길러주는 힘이 숨어 있다는 것이다. 아빠가 자신을 인정해준다는 만족감을 안겨줌으로써 꾸중이나 매로는 풀 수 없었던 문제를 해결하는 열쇠가 되기 때문에 칭찬은 어떤 말보다 큰 힘을 지닌다.

| 불가능을 가능케 하는 칭찬의 힘 |

'피그말리온 효과'라는 것이 있다. 칭찬하면 칭찬할수록 더욱 더 잘하려는 동기를 제공하는 것을 심리학에서는 피그말리온 효과(Pygmalion Effect)라고 한다. 타인의 칭찬이나 기대 또는 관심으로 인하여 능률이 오르거나 결과가 좋아지는 현상을 말한다.

1968년 하버드대학교 사회심리학과 교수인 로버트 로젠탈(Robert Rosenthal)과 미국에서 20년 이상 초등학교 교장을 지낸 레노어 제이콥슨(Lenore Jacobson)은 미국 샌프란시스코의 한 초등학교에서 전교생을 대상으로 지능검사를 한 후 검사 결과와 상관없이 무작위로 한 반에서 20% 정도의 학생을 뽑았다. 그 학생들의 명단을 교사에게 주면서 '지적 능력이나 학업 성취의 향상 가능성이 높은 학생들'이라고 믿게 하였다. 8개월 후 이전과 같은 지능검사를 다시 실시하였는데, 그 결과 명단에 속한 학생들은 다른 학생들보다 평균 점수가 높게 나왔다. 뿐만 아니라 학교 성적도 크게 향상되었다. 명단에 오른 학생들에 대한 교사의 기대와 격려가 중요한 요인이었다. 이 연구 결과는 교사가 학생에게 거는 기대가 실제로 학생의 성적 향상에 효과를 미친다는 것을 입증하였다. 이처럼 대화에서도 피그말리온 효과를 사용할 수 있다. 지속적인 칭찬과 격려를 통해서 아이에게 놀라운 변화를 가져오게 할 수 있는 것이다.

칭찬이 중요한 이유는 여러 가지가 있지만, 특히 아이와 대화할 때 칭찬이 중요한 이유는 불가능을 가능으로 만들기 때문이다. 바보 온달에게 지혜로운 평강공주의 칭찬과 믿음은 훌륭한 장군이 되게 하였고, 듣지도 보지도 말도 못하던 헬렌 켈러에게 설리반 선생의 진심어린 칭찬이 기적을 만들어낸 사실만 보아도 칭찬은 사람을 기분 좋게 만들 뿐만 아니라 건강하게 만든다.

의학적으로도 칭찬의 효과는 증명되었다. 칭찬을 받으면 각종 면역강화물질의 분비가 촉진되고, 이는 다시 뇌로 전달되어 불필요한 스트레스 호르몬의 분비를 억제시킨다. 이밖에도 칭찬의 장점은 끝이 없다.

칭찬에도
원칙이 필요하다

칭찬이 좋다는 것은 다 알지만 칭찬을 잘하는 사람은 드물다. 아이에게는 칭찬해주는 것이 좋다 하여 무작정 칭찬하다 보면 오히려 역효과가 나는 경우도 있다. 칭찬은 받아본 사람만이 잘할 수 있으며, 연습을 할수록 잘할 수 있다. 칭찬을 잘하는 방법은 다음과 같다.

| 쉬운 칭찬부터 시작한다 |

지금까지 칭찬에 인색했던 아빠라면 '쉬운 칭찬'부터 해보는 것이 좋다. '쉬운 칭찬'은 기존에 아이가 잘하고 있던 행동이라도 당연하게 여기지 말고 칭찬해주는 것이다. 잘못하는 행동 또는 부족한 행동을 고

치려고 하는 칭찬은 '어려운 칭찬'이라 할 수 있다. '어려운 칭찬'을 하려면 칭찬을 받을 수 있는 목표 행동을 아이에게 제시해줘야 한다. 예를 들면, "현주는 언제나 음식을 골고루 먹는구나. 참 좋은 습관을 가졌네"는 말은 '쉬운 칭찬'이며, "공부를 스스로 하는 것을 보니 정말 대단하구나. 아빠는 성적이 좋은 것보다 네가 스스로 공부하는 모습이 더 기쁘구나"는 '어려운 칭찬'에 해당한다.

칭찬을 시작할 때는 쉬운 것부터 하는 것이 좋다. 아이가 매번 잘 해 오던 일이어서 당연히 그러려니 했던 사소한 일부터 하나하나 칭찬하는 것이 중요하다.

- "오늘따라 기분이 좋아 보이네. 무슨 좋은 일이 있었니?"
- "오늘은 아빠를 많이 도와주어서 정말 고마워."
- "방 청소를 깨끗이 해놓은 것을 보니 학교에서도 칭찬받겠다."
- "오늘 세수를 깨끗이 하니까 얼굴이 너무 예뻐 보인다."
- "오늘따라 아빠하고 한 약속을 잘 지켜주니 아빠가 참 행복하단다."

| 즉시 칭찬한다 |

칭찬에도 적절한 타이밍이 있다. 칭찬받을 행동을 했을 때 즉시 칭찬을 해주는 것이 가장 좋고, 효과도 크다. 아이에 대한 칭찬은 날을

잡아서 거창하게 하는 게 아니다. 일상생활에서 자그마한 것을 잘해내거나 사소하지만 나쁜 버릇을 고쳤을 때 즉시 해주는 칭찬이 큰 효과를 본다. 즉시 칭찬하지 않고 한참 지난 후에 아빠의 기분이 좋아졌을 때 칭찬하면 그 의미는 반감되며 아이는 아빠의 기분이 좋아져야 칭찬을 받는다고 생각할 수도 있다. 그래서 행동할 때 아빠의 감정 상태부터 살피는 역효과가 나타나기도 한다.

- "우와. 이 그림 수현이가 그린 거야? 색깔이 정말 멋진데!"
- "태호가 동생을 돌봐준 덕에 아빠가 방 청소를 끝낼 수 있었네. 정말 고마워!"
- "네가 그 팀에 뽑히다니 아빠는 정말 기뻐!"

| 왜 칭찬을 하는지 구체적인 이유를 말해준다 |

칭찬만큼 행동에 대한 동기 부여를 강하게 해주는 것도 없다. 아이가 정한 목표를 꼭 이루게 하고 싶다면 그러한 행동이 하고 싶도록 동기 부여를 하는 칭찬을 많이 해주는 것이 좋다. 그렇다고 뜬금없이 칭찬하는 것은 좋지 않다. 못생겼는데 예쁘다고 거짓으로 칭찬한다거나 공부를 잘하지 못하는데 잘한다는 칭찬은 아이에게 불신만 심어줄 뿐이다.

- "예원이가 오늘 장난감 정리한 것을 보니까 아빠가 정말로 기쁘구나."
- "골고루 음식을 먹으니까 더 씩씩하고 건강해지겠다."

이렇게 구체적으로 아이가 한 행동에 대해 칭찬해주는 것이 중요하다. 더불어 아빠는 아이에게 자신이 바라는 행동을 가급적 구체적으로 얘기해줘야 한다. "집안을 어지르지 마라"는 식으로 막연하게 얘기하지 말고, "읽고 난 책은 제자리에 꽂아놓으라"거나 "갖고 논 장난감은 다시 장난감통에 넣어라"고 얘기하라는 것이다. 이처럼 아빠가 구체적인 방향을 제시해줄 때 아이는 칭찬받을 기회를 좀 더 쉽게 얻을 수 있게 된다.

가령 아이의 그림을 보고 "잘 그렸다"보다는 "기린 목을 길게 그리니 정말 기린 같아 보이네"처럼 왜 칭찬을 하는지 아이에게 설명을 해주면 아이가 자신의 행동과 아빠의 칭찬 사이의 인과관계를 이해하게 돼, 앞으로도 그 같은 긍정적인 행동을 계속 하려고 노력할 가능성이 높아진다.

| 성공한 결과보다는 과정을 칭찬한다 |

아이가 아빠와의 약속을 잘 지켰을 때 결과만을 칭찬할 것이 아니라 아이가 약속을 지키기 위해 노력한 사실을 부각시켜야 한다. 아이가

계속 잘할 수 있도록 동기를 부여해주는 것은 바로 아이가 노력한 과정에 대해 칭찬하는 것이다.

만약 칭찬을 결과에만 초점을 맞추어 하면 아이가 초조해하기 쉽다. 결과에 대해서만 칭찬할 경우 자칫 잘못하면 '모로 가도 서울만 가면 된다'는 식의 부작용도 낳을 수 있다. 열심히 하다가도 일이 제대로 성사되지 않으면 아이는 아빠가 결과만을 원하고 있다는 생각에 좌절하고 의욕을 잃기 쉽다. 과정도 중요하다는 칭찬을 해주어 결과가 나쁘더라도 현재의 상황에 만족할 수 있고, 계속 노력할 수 있게 해야 한다.

● **결과를 중시한 칭찬 방법**
- "은혜가 100점을 받아서 아빠는 정말 기뻐. 참 잘했어."
- "수학 시험을 잘 봐서 아빠 기분이 너무 좋다."
- "오늘 경기에서 1등 했구나. 역시 우리 예원이 대단해요."
- "방을 깨끗하게 청소했구나. 잘했어."

● **과정을 중시한 칭찬 방법**
- "오늘 아침에 방 정리하느라 고생했다. 집안이 환해졌다."
- "매일 열심히 연습하더니 피아노 실력이 벌써 이렇게 좋아졌구나."

| 말뿐만 아니라 몸으로 칭찬해준다 |

칭찬을 말로만 하면 아이는 칭찬을 농담으로 생각하기 쉽다. 아이가 칭찬을 진심으로 여기게 하기 위해서는 몸으로도 칭찬을 해야 한다. 때로는 열 마디 말보다 몸짓 하나가 더 강렬하고 함축적인 의미를 표현할 때가 있다. 아이의 손을 꼭 잡아주거나, 따뜻하게 꼭 안아주기, 정감어린 눈빛 보내기 등 다양한 방법의 스킨십을 통한 진한 교감의 몸짓 대화들을 통해 칭찬이 전달될 때 아이들은 훨씬 더 행복감을 느낀다. 아이와 눈높이를 맞추고 아빠가 자신을 향해 몸을 기울여줄 때, 아이는 친밀함과 편안함을 느낄 수 있다는 것이다. 몸을 구부려 아이를 껴안아주거나 토닥여주어 아빠의 마음을 전하는 몸짓 대화가 언제라도 자연스럽게 나오도록 습관처럼 노력해야 한다.

● 스킨십 칭찬 대화
- (꼭 껴안아주며) "아빠가 너 믿는 거 알지. 우리 진우, 많이 사랑해."
- (머리를 쓰다듬어주며) "지금 수현이가 너무 잘해서 아빠 기분이 정말 최고야."

| 스스로 한 일에 대해서는 더욱 많이 칭찬한다 |

칭찬을 많이 하는 이유 중의 하나는 아이가 스스로 자신이 해야 할 일을 하게 하려는 데 있다. 그러므로 아빠가 아이에게 시키지 않았는데

도 아이가 스스로 알아서 했을 때에는 더욱 많이 칭찬해줘야 한다. 이는 아이에게 성공할 수 있는 능력이 자라고 있다는 증거이기도 하므로 최고의 찬사를 해주어도 아깝지 않다.

지혜롭고 현명한 아빠들은 자신의 아이 특성에 맞추어 한동안 아이를 관찰하고 칭찬을 받아들일 수 있는 최적의 때와 장소, 사건을 살펴 칭찬을 한다. 이럴 때 칭찬의 효과는 배가 된다.

- "지용이 혼자 알아서 방 청소를 했구나. 참 잘했어."
- "우와! 오늘 아침엔 정말 빨리 옷을 입었구나."
- "그걸 혼자 끝냈다니! 네가 정말 자랑스럽구나."
- "화분에 물을 주다니 꽃들도 웃고, 아빠도 웃고. 기분 정말 좋은데."

| 약속을 지켰을 때도 칭찬은 필수다 |

많은 아빠들이 자신이 정한 일을 아이가 잘 따라주었을 때에는 칭찬을 잘해준다. 그러나 하지 말라고 한 일을 아이가 하지 않고 잘 넘어가 주었을 때는 당연하게 여기며 무관심하게 지나간다. 이것이 바로 간과하기 쉬운 칭찬의 또 다른 한 측면이다. 이 경우 역시 약속을 이행한 것이기 때문에 칭찬을 해주어야 한다. 예를 들면 "음악 들으면서 공부하지 말라고 했더니 정말 약속을 지켰구나. 역시 우리 예쁜

민준이, 대견스럽다." 이렇게 말해주는 것이다. 아이에게 하지 말라는 말을 한 후에도 관심 있게 지켜보다가 아이가 정말 그 행동을 하지 않을 때에는 칭찬을 해주는 것이 좋다. 그래야 아이의 행동이 지속될 수 있기 때문이다. 칭찬을 할 때에는 아이가 무엇을 하려고 노력하고 있으며 그 과정에서 얼마나 최선을 다하고 있는지를 격려해주는 것이 좋다. 아빠의 격려는 아이에게 "나는 할 수 있다"라는 생각을 가지게 한다.

명심할 점은 아무리 좋은 칭찬도 무분별한 과장이 담긴 칭찬은 아이의 눈을 가린다는 것이다. 평범한 낙서를 했는데 '천재 미술가'라고 칭찬을 듣고 자란 아이는 어른이 되어서도 정당한 비판에 화를 내거나 매사에 칭찬을 못받으면 기가 죽을 수도 있다.

아빠의 주관적인 판단이나 그때그때 기분에 따라 칭찬을 하거나 야단을 치면 안 된다. 또 칭찬을 자식을 자기 편으로 끌어들이기 위한 방편으로 삼아서도 안 된다.

칭찬이 아무리 좋은 것이라 해도 빈말로 하는 칭찬은 아니한 만 못하다. 건성으로 하는 칭찬은 무관심의 표현이기도 하다. 진심어린 눈빛으로 해주는 말 한마디가 아이의 마음을 움직인다는 것을 명심하자.

말과 함께 상을 주는 것도 아이의 동기를 높여준다. "숙제도 잘하고 공부도 열심히 하더니 100점을 맞았구나. 스티커 3장 선물이다."

스티커 또는 칩(chip)을 이용하여 점차 단계를 세분화하면서 경제적 부담 없이 상을 준다면, 아이에게 바람직한 행동을 유도해 나갈 수 있다.

아이는 아빠의
진심 어린 꾸중으로 변한다

꾸중은 웬만하면 하지 않는 것이 좋겠지만, 꾸중도 칭찬만큼 사람을 변하게 하는 중요한 기술이므로 잘만 사용하면 좋은 효과를 볼 수 있다. 특히 꾸중은 진지해야 하고 아이가 무게감 있게 받아들여야 효과가 있기 때문에 엄마보다는 아빠가 하는 것이 좋다.

아이가 아프지 않게 꾸중을 하려면 갑자기 꾸중을 하기보다는 꾸중을 하기 전에 미리 꾸중의 방법이나 강도를 결정해야 한다. 만약 잘못한 즉시 꾸중을 하거나 상황을 고려하지 않고 꾸중을 하면 아이는 반성은커녕 오히려 반발하게 된다. 효과적으로 꾸중을 하고 싶다면 아이의 상황을 고려하여 적절한 때와 장소를 미리 예고하고 단둘이 있을 때 꾸중하는 것이 좋다. 갑자기 여러 사람 앞에서 꾸중하면 아이가 상처를 받거나 심하게 반발할 수 있다.

또, 꾸중할 것이 있으면 둘러대기보다는 구체적으로 꾸중하는 것이 좋다. 예를 들어 "너는 항상 왜 그러니"라는 말보다는 "너는 아빠를 도와주기 위해 방 청소 좀 하면 안 되니?"라고 구체적으로 말해 주면 아이는 꾸중이라고 받아들이지 않고 격려라고 들을 수 있다. 꾸중은 너무 자주 하거나 길게 하면 잔소리같이 들려서 오히려 효과가 떨어진다.

꾸중을 할 때는 부정적인 단어는 피하자. 야단치거나 질책하는 표현보다는 객관적이고, 건설적으로 표현하는 것이 좋다.

- "융통성이 없어", "못된 놈", "만날 제 멋대로야", "도대체 잘하는 게 뭐야."(×)
- "우리 성원이, 다 잘하는 데 청소만 잘하면 더 멋있는 사람이 될 거야."(○)

아이가 부담 없이 꾸중을 받아들이게 하려면 우선 아이에 대한 아빠의 주관적인 정보보다는 객관적인 정보를 제공해야 한다. 아이는 객관적인 정보를 많이 제공할수록 자신의 잘못을 수정할 의사를 가지나, 주관적인 정보를 제공하면 반발한다. 꾸중은 단순히 아이의 결함이나 잘못을 타이르는 것보다는 아이 자신이 아빠가 제공한 정보를 바탕으로 스스로 판단할 수 있도록 해야 한다. 정보의 제공은 '아이 자신이 결정할 수 있도록 어떤 사실에 대해서' 지식을 제공해 주는 것임에 비해 꾸중은 아이 스스로가 의사결정을 하는 데 오히려 방해가 되는 것이다.

- "넌 시간 개념이 없어. 그러니 고쳐야 하지 않겠어?"(×)
- "성공한 사람들은 시간 약속을 잘 지켜서 그렇게 되었는데, 너도 시간 약속을 잘 지키려고 노력을 해보면 어떨까?"(○)

꾸중을 할 때 어떤 행동에 대하여 직접적으로 지적하면 아이는 자기 행동에 대하여 잘못을 인정하기보다는 아빠가 야속하다고 생각할 수 있다. 따라서 어느 정도 시간이 지난 후에 차분한 목소리로 따끔하게 이야기하거나 간접적으로 표현하는 것이 좋다.

- "너는 친구들에게 말을 함부로 하는 경향이 있어. 나쁜 버릇이니 고쳐 봐!"(×)
- "너는 친구들을 아주 편하게 하는 재주가 있네. 그런데 말을 조금 생각하면서 하면 더 많은 친구들이 좋아할 거 같아."(○)

꾸중을 할 때는 문제행동을 바로 말하지 말고 긍정적인 부분들을 칭찬하고 마지막에 문제점을 지적하는 것이 좋다.

- "이를 닦지 않는 것은 나쁜 습관이야."(×)
- "승호는 다 잘하는데, 이를 닦고 자면 더 좋을 것 같네."(○)

강요나 지시하는 말보다는 아이에게 선택할 수 있는 기회를 주는 것이 좋다. 아이는 아빠의 진심어린 꾸중을 통해서 변한다는 것을 늘, 명심하자.

고함보다는 현명한 꾸중이 필요하다
: 꾸중의 4가지 법칙

"왜 그렇게 말을 안 들어먹니?" "도대체 왜 그러는 거야?" "정말 너 땜에 못 살겠다." 하루에도 몇 번씩 아이에게 불쑥 불쑥 던지는 말들이다. 아이가 달라졌으면 하는 마음에서 한 말이지만, 이는 아이의 자존감을 무너뜨릴뿐더러 아이의 행동 또한 고치지 못한다.

꾸중을 할 때는 아이의 잘못된 행동에 대해서만 이야기를 해야 함에도 불구하고 의미 없는 인격적인 모욕감을 주는 경우가 너무 많다. 물론 그 잔소리와 비난은 아이가 좀 더 잘되길 바라는 마음에서 한 것이지만 듣는 아이는 그렇게 생각하지 않는다. 자신의 마음을 몰라주는 아빠가 야속할 뿐이다. 아이는 잘못한 것이 없다고 생각하기 때문이다. 꾸중을 할 때는 하는 사람과 듣는 사람 간의 이러한 견해 차이를 줄이거나 공감대를 형성하는 것이 무엇보다 중요하다.

ㅣ너무 어릴 때부터 꾸중하지 마라ㅣ

가벼운 훈계가 아닌 꾸중은 아이와 말이 통하기 시작할 때 하는 것이 좋다. 말귀도 알아듣지 못하는데 꾸중을 하면 아이는 알아듣지 못하고 꾸중하는 아빠만 더 화가 날 것이다. 아이가 꾸중을 알아듣기 시작하는 것은 아이마다 다르겠지만 보통 5살은 되어야 한다. 물론 또래보다 성숙해서 어른의 말귀를 잘 알아듣는다면 문제가 되지 않지만, 말귀를 잘 알아듣지 못하는 5세 이전의 아이들은 꾸짖음보다는 관심을 다른 곳으로 돌리게 유도하는 것이 현명하다.

ㅣ위험한 행동은 그 자리에서 꾸중하라ㅣ

꾸중에는 바로 해야 할 것이 있고, 나중에 해야 할 것이 있다. 중요하지 않은 것을 그 자리에서 바로 꾸중하면 아이가 주눅들어 자신감을 잃어버린다. 그러나 아이의 생명과 관련되는 위험한 행동, 즉 아이가 차도에 뛰어든다거나 칼 장난, 불 장난 등을 할 때는 바로 꾸중을 해야 한다. 꾸중의 강도도 '심한' 꾸중을 해도 무관하다. 그래야 자신이 잘못했다는 것을 확실히 깨닫게 되어 앞으로 다시는 그런 일을 하지 않기 때문이다.

| 말로만 하는 꾸중에 앞서 시범을 보여라 |

말로만 하는 꾸중은 아이들에게 영향력이 없을 수도 있다. 특히 말귀를 잘 못 알아듣는 아이의 경우에는 말로 하는 꾸중은 오히려 아이에게 어찌해야 할지를 모르게 한다. 따라서 말로만 꾸중을 하기에 앞서 시범을 보여주는 것도 좋은 방법이다. 예를 들면 아이가 방을 어지럽혔다면 잘못된 점을 꾸중하고 아이가 따라하도록 아빠가 직접 방을 치우는 시범을 보여준다. 또 아이를 혼낼 때는 일관성이 있어야 한다. 똑같은 일에 대해서 어떤 때는 야단을 치고, 어떤 때는 그냥 넘어가면 매우 안 좋다. 아빠의 일관성 없는 꾸중은 아이가 왜 혼나는지 몰라서 아이를 혼란스럽게만 만든다.

| 인격을 무시하는 말로 꾸짖지 마라 |

아빠들은 화가 나면 종종 아이의 인격을 무시하는 말을 하면서 꾸짖는다. 예를 들면 "너는 왜 그 모양이니?", "바보냐?" 등의 인격을 무시하는 꾸중은 아이에게 상처를 주고 불만이 쌓이게 만든다. 뿐만 아니라 너무 심하게 야단치면 아빠가 보는 앞에서만 잘하고 아빠가 없는 곳에서는 자기를 통제할 수 없는 아이가 된다. 아빠가 시키는 일만 하고 자신감이 없는 아이로 자랄 수도 있다.

| **잘못을 인정하도록 강요하지 않는다** |

꾸중을 듣고서도 아이가 잘못을 인정하지 않을 때가 있다. 그러면 아빠는 아이를 윽박지르면서 잘못을 인정하도록 강요하면서 아이를 나무라기도 한다. 아이가 잘못을 인정하지 않는 상태에서 꾸중을 들으면 아이는 반발하거나 심한 상처를 받는다. 아이가 잘못을 인정하지 않을 때는 스스로 자신의 옳고 그름을 판단하도록 유도하는 것이 아이의 감성에 좋다.

우리 아이 책읽기 달인으로 만드는 대화 습관

자신의 생각을 똑 부러지게 말하는 아이로 키워라!

자기주도학습 습관이 성적을 결정한다

PART ★ 4

아이의
공부 습관이 달라지는
아빠 대화법

인류의 역사나 개인의 발전은 책에 의해 발전해왔다고 해도 과언이 아니다. 세계 최고의 갑부인 마이크로 소프트의 빌 게이츠도 동네의 작은 도서관이 지금의 나를 만들었다고 하여 독서의 중요성을 강조하였다.

독서는 습관이지 계몽이나 교육으로 되는 것이 아니다. 어린 시절에 독서 습관을 길러주는 것은 교사나 부모들의 절대적인 책임이자 과제다. 그러기 위해서는 부모들이 먼저 책을 읽는 모범을 보여야 한다. 아이와 책을 읽고, 그 책에 대해 이야기를 나누고 꿈을 이야기해야 한다.

•chapter 1•

우리 아이 책읽기 달인으로 만드는 대화 습관

책을 좋아하는 아이는
팔할이 아빠가 만든다

아이 혼자서 책을 읽는 법을 배워야 하는 시기가 따로 있는 것은 아니다. 이제 걸음마를 떼기 시작한 아이는 그림책을 들여다보는 일로 많은 시간을 보낸다. 초등학교에 입학하기 전까지는 부모가 읽어주는 책을 통해서 독서 습관에 영향을 받는다. 아이가 책을 좋아하고 싫어하는 것은 바로 이때 결정되는 것이다. 이 단계는 독서에 필요한 기초적인 심리적·생리적 요인이 발달하는 시기이므로 외부의 자극이 다양하게 주어질수록 좋다.

| 이야기에 익숙해지면 저절로 책과도 친해진다 |
아이들이 커서 책을 좋아하느냐 좋아하지 않느냐는 얼마나 이야기를

많이 듣고 자랐는가에 좌우된다. 이야기를 많이 듣고 자란 아이들은 학교에 가서도 이해력과 집중력이 좋다.

이야기를 듣는 동안 아이는 상상력과 어휘력이 발달하고 언어 사용 능력이 신장된다. 특히 이야기를 들으면서 즐거움을 느끼는 경험은 읽기 입문기의 아이에게 읽기 능력의 기초를 형성하는 데 중요한 역할을 한다. 이야기 들려주기는 아이에게 글자에 대한 저항감을 없애줄 뿐만 아니라, 글을 읽는 것에 대한 관심과 글을 읽어야겠다는 동기를 유발한다. 아빠가 직접 아이에게 이야기를 들려주면 아이가 책과 가까워질 수 있을 뿐만 아니라 아빠와도 가까워지는 일석이조의 효과가 있다.

아이에게 이야기를 들려줄 때는 우선 아이가 좋아하는 소재로 골라야 하며, 전설, 민담, 신화, 옛이야기 등 흥미 있는 것이나 아이가 관심을 가질 만한 생활 주변의 이야기도 좋다. 아이가 어린 만큼 복잡한 내용보다는 비교적 등장인물이 적고, 단순한 반복이 많으며 내용이 분명한 것을 선택한다.

하루에 30분 아이와 책 읽는 시간을 마련해보자

아이에게 책을 읽어주는 것은 아이와 대화할 수 있는 좋은 기회를 만들어 준다. 비교적 부담도 없으며 개인적인 기술도 크게 필요하지 않다. 책 읽어주기는 아직 읽기 능력이 충분하지 않은 아이를 대상으로 하여 읽기 능력을 향상시키는 것이 목적이다.

　책 읽어주기는 읽어주는 사람의 감정과 풍부한 경험을 바탕으로 하기 때문에 아이 또한 적극적으로 동참하게 만든다. 책을 읽어주면 글자가 생동감 있게 전달되어 아이가 책에 대하여 흥미와 관심을 가지게 된다. 어휘력 향상 및 읽기 능력 신장에도 많은 도움을 준다. 책을 고를 때는 아이가 골라오는 책이나 이솝우화나 전래동화 같은 것이 좋다.

　책을 읽어주거나 이야기를 들려주는 것의 효과는 이야기하는 사람에 따라, 목소리에 따라, 이야기의 전개에 따라 미묘한 차이가 있다. 책을 읽어주거나 이야기를 들려줄 때는 화술이 좋거나 구연동화처럼 맛깔스럽게 해주면 아이의 집중도가 높아지고 효과도 더 좋다. 익숙하지 않아 책을 읽어주는 것이 부담스러운 아빠들도 다음 사항들을 유념하여 읽어준다면, 머지않아 아빠가 책 읽어주는 시간만을 기다리는 아이를 발견할 수 있을 것이다.

- 간단 명쾌하게 읽어준다.
- 등장인물들의 독특한 개성을 표현하면서 읽어준다.
- 내용을 미리 읽고 사전에 준비를 한다.
- 아이마다 개인차가 있으므로 읽는 속도를 조절한다.
- 아이가 계속 주의 깊게 듣고 있는지 확인하면서 책을 읽어주는

동안 지루해하지 않도록 배려해야 한다.
- 흥미를 자극하고 극대화하기 위해서는 읽어주면서 질문을 해야 한다.
- 억지로 생각을 강요하지 않아야 한다.
- 질문과 대답의 시간이 너무 길어 진행에 방해가 되어서는 안 된다.

> ★ Tip 아빠의 한마디 ★
>
> 다음과 같은 질문은 책에 대한 흥미를 높여준다.
>
> - "뭐가 제일 재미있었니?"
> - "왜 이 책이 좋니?"
> - "가장 마음에 드는 인물은 누구니?"
> - "그 사람의 어떤 점이 마음에 드니?"
> - "다음에 어떤 이야기가 나오면 좋겠니?"
> - "가장 생각나는 장면은 뭐니?"
> - "이야기를 듣고 어떤 생각이 드니?"

아이에게 읽어주기 좋은
재미있는 이야기

유형	책 제목	표지	출판사	내용
엄마와 다투는 아이에게 읽어주면 좋은 책	엄마가 화났다		책읽는곰	아이들 때문에 화를 낼 수밖에 없는 엄마와 그에 상처받은 아이의 이야기. 엄마와 아이의 소통을 돕는 위로의 그림책이다.
유치원에 간 아이에게 읽어주면 좋은 책	부끄러움아 꼭꼭 숨어라		시공주니어	유치원에 처음 가는 아이의 이야기를 통해, 아이들이 부끄러움을 느끼는 상황에 쉽게 감정을 이입하고 자연스럽게 감정을 해소시킬 수 있도록 엮은 책이다.
나쁜 생활 습관을 가진 아이에게 읽어주면 좋은 책	콧구멍을 후비면		애플비	아이의 나쁜 행동에 대해 부모의 따끔한 일침이 꼭 필요할 때 보여주면 좋은 책이다.
편식하는 아이에게 읽어주면 좋은 책	난 토마토 절대 안먹어		국민서관	반찬 투정을 하거나 편식하는 아이들의 습관을 바꾸는데 도움을 주는 책이다.
책을 좋아하지 않는 아이를 위한 책	책 먹는 여우		주니어 김영사	책을 너무 좋아하는 여우가 벌이는 재미있는 소동을 통해 책 읽기의 의미와 방법을 잘 전해주는 책이다.

유형	책 제목	표지	출판사	내용
자신감이 없는 아이에게 읽어주면 좋은 책	나쁜 어린이 표		웅진 주니어	하는 일마다 꼬이고 별로 잘못 하지도 않은 것 같은데 자꾸 꾸중을 듣는 아이의 마음을 생생하게 그려 낸 생활 동화다.
아이의 감성을 키우는 데 좋은 책	모르는 척 공주		책읽는곰	모든 것을 모르는 척 하는 아이들에게 자신의 감정을 잘 표출하고 해소하는 방법을 가르쳐주는 이야기다.
불평불만이 많은 아이에게 읽어주면 좋은 책	행복한 청소부		풀빛	독일에 거리표지판을 닦으며 즐겁게 일하는 청소부 아저씨의 이야기를 담고 있는 책이다.
자신만을 아는 아이에게 읽어주면 좋은 책	아낌없이 주는 나무		시공 주니어	진정한 사랑의 의미를 일깨워주는 나무의 아름다운 이야기를 담고 있는 책이다.
아빠의 필요성을 잘 모르는 아이에게 읽어주면 좋은 책	우리 아빠가 최고야		킨더랜드	아빠를 바라보는 아이의 시각을 담은 그림책으로, 아이들에게 아빠가 왜 필요한지를 알려주고 아빠를 닮고 싶은 모델로 삼게 하는 내용을 담고 있다.

아이와의 이야깃거리가
풍성해지는 책 놀이

읽기를 통해서 아이의 상상력을 키워주는 것은 매우 중요하다. 글을 읽으면서 아이의 상상력을 자극하는 질문을 하는 것도 좋지만 책 안에 들어 있는 그림을 보면서 이야기를 꾸미거나, 책 제목만을 보고 끝말을 이어가거나, 책 속에 나온 낱말로 짧은 글을 지어보는 것도 아이에게는 재미있는 활동이 될 뿐만 아니라 상상력 또한 쑥쑥 뻗어나가게 할 것이다.

| 그림 보고 이야기 꾸미기 |

아이에게 책에 나와 있는 그림을 보고 이야기를 만들어 발표하게 해보자. 책의 그림을 보고 아이들이 생각을 자유롭게 표현할 수 있는

상상력과 언어 사용력을 신장시키는 기회를 준다. 그림 보고 이야기 꾸미기는 책이 주는 딱딱한 이미지를 벗고, 상상을 통해 책의 내용을 이해하고 줄거리도 상상하게 하는 활동으로, 읽기에 대한 흥미를 유발시킨다.

| 책 제목으로 끝말 잇기 |

책 제목으로 끝말 잇기는 책에 나와 있는 소제목으로 끝말을 이어가는 활동을 말한다. 끝말 이어가기는 쉽고 재미있어 아이들 대부분 적극적으로 참여한다. 특히 문자를 완전히 익히지 못한 아이에게 자신감을 길러주기도 좋다. 책을 읽은 후에 해도 좋지만, 책을 읽기 전에 흥미 유발을 위해서도 권할 만하다.

　책 속에 나온 낱말로 짧은 글짓기를 해보는 것도 좋다. 이 활동은 낱말의 이해를 높이고 자연스럽게 작문 능력도 좋아진다.

| 독서 감상화 그리기 |

독서 감상화 그리기는 책을 읽고 난 후 재미있었거나 인상적인 내용을 그림으로 표현하는 것을 말한다. 읽은 책의 주인공을 그리거나, 책 표지를 보고 따라 그리기, 재미있게 읽은 책의 그림을 보고 따라 그리기 등 이런 독서 감상화 그리기는 쓰기 능력이 부족한 아이도 부담스럽지 않게 즐거운 마음으로 할 수 있다는 장점이 있다.

독서 후 자신의 생각을 그림이라는 수단으로 표현함으로써 보다 흥미롭게 책을 접할 뿐 아니라 감동도 오래 간직할 수 있다. 아이의 상상력을 자극하고 창의력을 개발하여 아이의 감성 또한 보다 풍부하게 한다. 좋아하는 인물, 가장 기억에 남는 장면이나 재미있었던 장면에 대해 아이에게 물어보고 답하면서 아이와 대화를 나누어보자.

지나치게 그리기에 치중하면 아이가 부담을 느껴 오히려 독서를 기피할 수 있으니 부모의 세심하고 친절한 보살핌이 필요하다. 아이가 부담 없이 즐거운 마음으로 그림을 그리게 하고, 이 활동이 강제적이고 의무적인 것이 되지 않게 해야 한다.

| **생각하는 능력을 길러주는 독서 감상문 쓰기** |

독서 감상문 쓰기는 책을 읽고 나서 느낀 감정을 쓰는 것이다. 책을 읽은 후 자신의 생각을 정리하여 글이나 말로 표현하게 함으로써 글을 읽으면서 의미를 이해하고 개념을 형성하는 습관을 길러주고, 비판적인 읽기 습관을 갖게 한다.

독서 감상문이라고 해서 완벽한 산문처럼 작성하게 하는 것이 아니라 간단한 주제를 주고 쉽게 쓰는 형식을 취하여 아이에게 부담을 주지 않는 것이 좋다. 독서 감상문 쓰기는 글로 표현하는 것을 좋아하는 아이에게는 글로 쓰게 하면 되나, 아직 글을 완전히 깨치지 못한 아이들은 수행하기 힘든 활동이므로 말로 표현하게 한다.

독서 감상문을 쓰는 활동은 문장을 읽고 쓰는 것이 가능한 시기에 적당하다. 먼저 아이에게 느낌을 문장으로 표현하는 훈련을 시킨다. 아빠가 느낌을 표현하기에 좋은 이야기 자료를 선정해 읽어주고 나서 아이에게 어떤 생각이 드는지를 질문한다.

- "지금 읽은 내용의 줄거리를 말해줄래?"
- "읽은 내용을 정리해서 알려줄래?"
- "읽어보니 어떤 생각이 들어?"
- "주인공은 어떤 것 같아?"
- "가장 기억에 남는 장면은 무엇이니?"

기쁘다, 슬프다, 행복하다, 나쁘다 등 형용사를 사용해 문장을 마음대로 표현할 수 있도록 해보자. 이렇게 아이들이 책을 읽고 줄거리와 느낌을 표현할 수 있는 훈련이 어느 정도 이루어지면 독서 감상문을 쓰게 한다.

독서 감상문을 어려워하는 아이에게는 그림과 글을 함께 표현하도록 하는 것도 좋은 방법이다. 위에는 그림을 그리고 그 아래 그림에 관한 이야기와 느낌을 간단히 기록한다. 아이들 간에 개인차는 심하나, 참여율은 높다. 독서 감상문을 쓴 후 발표하는 시간을 가지면 더욱 효과가 높아진다.

생활 속 책 이야기가
아이의 생각을 넓힌다

영국 역사상 가장 위대한 영국인으로 추앙받았던 윈스턴 처칠은 세계 역사에도 큰 영향을 끼친 인물이다. 처칠은 정치인으로만 명성이 높았던 것이 아니었다. 노벨문학상을 수상할 정도로 문학에도 조예가 깊었고, 명 연설가로서 수많은 군중들의 눈과 귀를 사로잡았다.

그의 화려한 인생 뒤에는 처절한 인생을 극복한 그의 의지가 숨어 있었다. 그는 왜소한 체구로 심한 열등감에 시달렸고 매번 꼴찌를 벗어나지 못하는 어린 시절을 보냈다. 그는 자신의 불행을 극복하기 위하여 매일 책에 매달렸다. 다섯 시간이 넘는 독서와 공부를 통해 자신만의 지식 세계를 만들어갔으며 자신의 인생은 물론 세계를 변화시켰다. 독서는 이처럼 사람의 인생을 변화시키는 재주가 있다. 처칠뿐만이 아니다. 오늘날 성공한 수많은 사람들 또한 독서를 최고의 성공 방법이라고 입을 모은다.

아이가 좋은 책을 많이 읽을 수 있는 환경을 만들어주는 것이 바로 부모의 역할이다. 좋은 책을 아이에게 권하려면 아빠는 책에 대한 정보를 많이 알아야 한다. 이를 위해서는 인터넷으로 서점이나 육아사이트에서 요즈음 아이들이 좋아하는 책이 어떤 책인지 알아본 후에 그 책들의 머리말이나 후기 등을 꼼꼼히 읽어보자. 이렇게 꼼꼼히 살펴본 후 좋은 책을 골라 아이와 함께 읽고 이야기를 하는 것이 좋다.

이야기하는 방법은 아이가 그 책을 읽고 나면 책의 주제, 요지, 그리고 느낀 점에 대해서 대화를 하는 것이다. 책을 읽은 후 아빠와 아이의 느낀 점은 같지 않을 것이다. 사람마다 느끼는 바가 다르기 때문에 자신이 인상적인 부분에 대해 이야기하다 보면 사고의 폭이 넓어진다. 자신의 의견을 말하는 동안에 논리적으로 말하는 연습이 되기 때문에 논술력 향상에도 도움이 된다.

아빠와 토론하는 것을 부담스러워 한다면 친구들과 토론을 시키는 것도 효과적이다. 책 한 권으로 여러 사람의 생각과 느낌을 듣다 보면 아이는 문제에 대한 다양한 시각을 접할 수 있고, 나아가 다각적인 문제해결 능력을 갖출 수 있다.

아빠가 생활 속에서 상황에 맞는 책의 구절을 인용하여 대화하면 아이는 쉽게 아빠가 말하는 대화의 내용을 이해할 수 있다. 만약 책을 읽지 않았을 경우에는 호기심을 갖게 되어 책을 읽게 될 것이다. 아빠의 조그만 실천으로 아이는 독서왕, 논술왕의 길로 진입할 수 있는 것이다.

"밥 먹을 때는 얘기하는 거 아니야." 아직도 이런 말들이 밥상 앞에서 이루어지고 있다면 심각하게 반성해야 한다. 발표력은 평소에 자기의 생각과 욕구를 주변 사람들에게 이야기해 원하는 것을 얻는 과정에서 생기는 것이지, 학원을 다닌다고 갑자기 생기는 것은 아니다. 일상생활에서 주제를 정해 아이가 자기 뜻을 펼 수 있도록 자주 기회를 주는 것만으로도 발표력은 좋아질 수 있다.

•chapter 2•

자신의 생각을 똑 부러지게 말하는 아이로 키워라!

발표 잘하는 아이,
어릴 적 대화 습관이 만든다

우리나라 사람들은 발표를 하려면 일단 스트레스부터 받는다. 통계자료를 보면 실제로 우리나라 사람 열 명 가운데 아홉은 발표 때문에 심한 스트레스와 심적 부담을 느낀다고 한다. 그만큼 발표는 어려운 것이다.

발표 스트레스는 비단 어른만의 문제는 아니다. 아이들 세계에서도 말하기 능력이 뛰어나 자기 의견을 효과적이고 감동적으로 전달하는 아이가 있는가 하면 그렇지 못한 아이도 있다. 일반적으로 말을 잘하는 아이가 글도 잘 쓰고 이해력도 빠르다. 전문가들에 의하면 아동기(6~13세)에 접어든 아이들은 자기의 생각과 감정을 말로 표현하는 것이 가능하며, 훈련을 통해서 자신의 생각과 감정을 논리적이고 정확하게 표현할 수 있다.

아이의 발표력을 향상시키려면 아이가 자기 생각을 조리 있게 표현할 수 있도록 하는 것이 중요한데, 무조건 말을 많이 하게 하는 것보다는 목적에 맞는 말을 하도록 가르쳐야 한다. 이를 위해서는 생활 속에서 실천하기 쉬운 네 가지 방법이 있다.

첫째, 아이가 자신의 의견을 마음대로 표현할 수 있는 환경을 다양하게 만들어주는 것이 중요하다. 그러면 아이들은 쉽게 자신의 생각이나 의견을 말하게 된다.

둘째, 소꿉놀이나 인형놀이 등 역할놀이가 도움이 된다. 각종 놀이를 통해서 아이는 자신의 의견이나 생각을 교환하면서 조리 있게 표현하는 능력을 갖게 된다.

셋째, TV 프로그램이나 영화를 보고 가족끼리 이야기하는 시간을 자주 갖거나, 식사 시간에 하루에 있었던 일을 이야기해보는 것도 좋은 방법이다. 가족 간에 자주 대화를 하다 보면 아이는 자연스럽게 대화에 동참하게 되고, 자신의 의견을 말하는 기회를 갖게 된다.

넷째, 아이의 이야기를 중간에 끊거나 내용의 문제점을 지적하기보다 일단 끝까지 잘 들어준다. 그러면 아이들은 자신의 생각이 존중받고 있다고 생각하여 자신의 의견을 끝까지 말하게 된다.

발표력은 나의 생각을 잘 전달하는 말하기 능력이며, 자신의 생각을 표현하여 나를 인정받고 상대방을 이해시키고 설득시켜 동의를 얻어내고자 하는 목적을 가지고 있다. 아이의 발표력은 평소에 자기의 생각과 욕구를 아빠 엄마나 친구에게 이야기해 원하는 것을 얻는 과정에서 생기는 것이지, 학원을 다닌다고 하루아침에 생기는 것이 아니다. 따라서 아이에게 발표 능력을 길러주고 싶으면 아이가 평소 대화에서 설득력 있게 말할 수 있도록 아빠가 대화를 이끌면 된다.

발표력의 중심은 '나'다. 나의 생각이나 느낌을 스스로 표현해야 한다. 생각이나 느낌은 각자의 문제이나 발표력은 반드시 타인 또는 여러 사람 앞에서 나의 생각을 표현해야 하기 때문에 교육이 필요한 것이다. 자신의 생각을 타인에게 자연스럽게 펼쳐보이고 상대방의 이해와 공감을 끌어내는 말하기 능력은 점차 갖춰야 할 필수 덕목으로 중요시되고 있다. 이러한 능력은 언어 습관이 생기기 시작하고 사고의 기틀이 마련되는 어린 시절부터 훈련받고 다듬어져야 한다.

주제를 정하고 대화해라

아이의 발표력을 높이려면 일상적인 이야기만 나눌 것이 아니라 주제를 정해서 대화를 나누어보자. 그러면 아이들은 사고가 깊어진다. 성적이나 친구, 개인 신상에 대해서만 이야기하면 아이는 금세 싫증을 내고 대화하기를 싫어하게 된다. 예를 들어 아이와 이야기하기 좋은 소재로는 패스트푸드, 컴퓨터 게임, 휴대전화, 학원 등 아이들이 중요하게 느끼는 소재나 신문이나 방송에서 중요한 이슈가 되고 있는 소재가 좋다. 이들 중에서 하나를 선정하여 아빠가 아이에게 질문을 하는 것이다. 그러면 아이는 아빠의 질문에 대하여 자신의 생각을 이야기하게 되고, 이러한 과정에서 아이는 사고가 깊어지고 논리적이 된다.

| 신문, 전단지, TV를 대화 소재로 활용하라 |

실생활에서 쉽게 접할 수 있는 것들을 이용하여 아이와의 대화를 유도할 수 있다. 신문을 활용하는 것도 좋다. 신문은 아이의 논리적 사고와 말하기 능력을 키우는 훌륭한 학습 자료다. 일단 아이에게 필요한 것을 스크랩하여 크게 소리 내어 읽게 한 후, 목소리의 크기나 속도, 발음 등을 바로잡는 스피치 훈련도 병행할 수 있다. 또, 아이에게 읽은 내용을 요약하게 하거나 어떤 느낌이었는지, 무엇을 생각하게 되었는지 질문함으로써 아이의 흥미를 유발하여 자신의 생각을 말할 수 있도록 한다.

신문과 함께 배달되는 전단지를 이용할 수도 있다. 치킨 전단지 속 사진을 보고 "사진 속 닭이 맛있어 보이니?"라고 물어본 후 혹시 아이가 맛이 없어 보인다고 하면 그 구체적인 이유를 말하게 한다. "닭이 너무 말라보여요. 닭이 통통하면 더 맛있어보일 것 같아요" 식의 대답을 한다면 전단지 공부는 성공한 셈이다. 이렇게 사진이나 그림을 보고 문제점을 찾아 해결책을 말해보면 논리적 사고와 말하기에 도움이 된다.

TV도 좋은 수단이 된다. TV를 볼 때 등장인물들을 보며 아이와 이야기를 나누어보자. "저 사람은 어떤 역할이니?" 또는 "사람들이 왜 저 사람을 싫어하니?" 등의 질문을 통해 아이가 이미 알고 있는 상황이나 인물에 대해 말해보도록 한다. 아이는 자연스럽게 자신의 생각과 의견을 말하는 연습을 하게 되고, 이런 연습들이 습관으로 굳어지면 논리적으로 말하는 데 도움이 된다.

| 시간을 정해놓고 이야기하자 |

이러한 대화도 부정기적으로 할 것이 아니라 아이와 약속한 시간에 정기적으로 꾸준히 하는 것이 중요하다. 어쩌다 한 번씩 하면 아이는 발표 능력이 좋아졌다가도 다시 원상태로 돌아갈 확률이 크다.

서로 바빠 함께 할 시간이 부족하다면 식사를 준비하는 과정이나 식사 시간도 주제가 있는 멋진 대화의 장으로 만들 수 있다. 아이에게 아빠가 만드는 요리의 과정을 말로 풀어보게 하는 것도 좋은 방법이다. 쉽게 말해 아빠는 요리사, 아이는 요리프로그램의 진행자가 되는 것이다. 재료 준비부터 음식을 만드는 전 과정을 구체적으로 말로 풀어 설명하게 하면 아이는 흥미롭게 말하기 공부를 할 수 있다. 또 요리 순서나 요리법을 말로 풀어내는 훈련을 통해 아이는 어떠한 상황이나 현상, 전개 과정을 말로 정리할 수 있다.

주제라고 해서 거창한 것을 찾지 말고 가족 회의를 일상화하면 된다. 일요일 나들이를 계획할 때 장소부터 할 일, 식사 등 모든 과정을 가족 회의를 통해 아이와 토론으로 결정하자. 아이는 토론을 통해 자신의 논리를 펼쳐 상대방을 설득하는 기술을 익힐 수 있다. 또 자신만 옳다고 우기거나 맹목적으로 남의 의견을 따라가는 일도 없어진다. 이런 토론 문화는 아이에게 말을 잘할 수 있는 기틀을 마련해 줄 것이다.

또, 가족 간의 평가회를 가지는 것도 좋다. 아이와 함께 일정한 기간의 목표를 세운 후 아빠는 아이에게 목표 달성에 대해 질문을 하고 아이는 자신이 목표를 잘 달성했는지, 어떤 점을 잘못했는지를 평가하면서 비판적 사고력을 키운다.

아이와 말할 때에는 아이가 개인 감정을 앞세우지 않도록 지도해야 하며, 동시에 원인과 결과를 정확하게 말하는 습관을 길러주는 것 또한 중요하다.

자신의 의사를 정확하게 표현하는
아이로 키우는 법

기본적으로 아이는 행동이 아닌 말로 자신의 의사를 표현하는 걸 배워야 한다. 그래야 어른이 되어서도 자신의 의사를 정확하게 표현할 수 있다.

하지만 아이가 이를 저절로 터득할 수 있는 건 아니다. 어떨 때 속상하다고 하는지, 어떨 때 아프다고 하는지, 어떨 때 화가 난다고 하는지 감정을 표현하는 많은 경우를 간접체험을 통해 아이에게 알려주어야 한다. 아빠 역시 아이에게 자신의 감정을 솔직히 말할 필요가 있다. 무작정 화만 낸다고 해서 아이의 행동을 바꿀 수는 없다. 왜 화가 나는지 구체적으로 이야기해주면 아이는 훨씬 수긍하기 쉽다. 이렇게 가정에서 자연스러운 대화를 통해 자신의 감정을 표현하는 습관이 길러지면 논리적인 사고를 확장시킬 뿐 아니라 아빠와 아이의 관계 역시 부드러워지게 된다.

"밥 먹을 때는 얘기하는 거 아니야." 아직도 이런 말들이 밥상 앞에서 이루어지고 있다면 심각하게 반성해야 한다. 일상생활에서 주제를 정해 아이가 자기 뜻을 펼 수 있도록 자주 기회를 주는 것만으로도 좋은 공부가 될 수 있다.

친구 이야기, 학교 이야기, 최근의 관심거리 특히 아이가 제일 좋아하는 것이 무엇인지 알아내 같이 동참해주자. 그러면 아이는 신이 나서 이야기할 것이고, 아빠는 잘 들으면서 조리 있게 말하도록 한두 마디 덧붙여주면 된다. '누가, 언제, 어디서, 무엇을, 어떻게, 왜'라는 원칙에 맞게 말할 수 있도록 유도하자. 예를 들면 "그래, 그 친구는 누구며 어디 살고 뭐를 좋아하고 언제 만났니?"처럼 물어주면 되는 것이다.

아빠라고 권위를 내세우며 아이를 항상 주눅들게 하면, 아이는 말을 잘 못하게 된다. 아이가 말을 하면, "그랬어?"하고 관심을 가지고, 박수도 치고 "야, 너무 멋지다"라고 말할 줄 아는 아빠가 되자.

직장에 다니느라 바쁜 아빠들은 현실적으로 아이와 대화할 시간이 부족하다. 그러다 보니 자연히 아이와 멀어질 수밖에 없다. 아이들과 대화가 적어지면 자연히 아이의 생각이나 생활을 이해하지 못하게 된다.

아무리 바쁘더라도 주말에는 꼭, 아이들과 놀아주어야 한다. 그들의 이야기를 들어주고 무슨 말을 하는지 귀를 기울여야 한다. 아이가 스스로 말할 기회를 주고 이야기를 할 때 끊지 말며 시시하더라도 늘 "좋다"라고 말해주는 아빠가 되자. 아이에게 말을 가르치는 최고의 방법은 아이의 말을 잘 들어주는 것이다.

발표 잘하는 아이로 키우는 대화의 원칙

| 육하원칙으로 말하게 하라 |

말을 잘하는 아이는 자신의 생각을 잘 정리하고 자신감이 있다. 이를 위해서는 우선 가정에서 아이에게 말을 많이 하도록 유도해야 한다. 가장 손쉬운 방법은 학교에서 있었던 일에 관해 물어보는 것이다. 이를 통해 아이와 자연스럽게 대화할 수도 있고 학습 환경이나 친구, 아이가 학교에서 잘 적응하고 있는지 여부도 알 수 있다.

논리적으로 말하는 아이로 키우기 위해서는 이렇게 접하기 쉬운 생활 주제를 통해 자유롭게 말하는 습관부터 시작하는 것이 좋다. 그리고 대화를 시작하기 전에 지켜야 할 대화의 형식에 대하여 알려준다. 즉 아이에게 무슨 말을 하던지 "언제", "어디서", "누가", "무엇을", "어떻게", "왜"의 순으로 말하도록 가르치는 것이다. 아이가 왜 그렇게 해야 하느냐는 질문을 하면 "무작정 해야 한다"고 하기보다는 "네가 ○○가 되고 싶다고 했지, 그렇게 되려면 말을 바르게 해야 하기 때문이야"라고 알려준다.

그러나 모든 대화에서 육하원칙을 지켜야 한다는 규칙은 아이에게 강박관념을 심어줄 수 있다. 가능한 지켜보라는 것이고, 나이가 어려서 육하원칙을 지키기 어려울 경우에는 아이의 수준에 맞게 몇 가지만 선택해서라도 대화의 형식을 지키도록 유도한다. 육하원칙은 아이에게만 요구할 것이 아니라 아빠가 먼저 모범을 보여 아이에게도 자연스럽게 그렇게 해야 함을 인식시켜야 한다. 육하원칙에 따라 논리적으로 말하는 데 익숙해진 아이는 글 또한 논리적으로 쓸 수 있게 된다.

만약 아이가 대화의 약속을 지키지 않았을 경우, 질책보다는 잘못된 부분을 고쳐주고, 격려해주어야 한다. 또, 아이가 어느 하나도 빠트리지 않고 논리적으로 말한다면 칭찬과 보상도 아끼지 말아야 한다.

| **부정확한 발음은 교정해준다** |

아이가 5~6세가 되면 발음이 정확하고 본인의 의사 표현이 충분히 가능하다. 그러나 아이들 중에는 유난히 발음이 부정확한 아이들이

있다. 발음이 부정확한 아이들은 또래 아이들에 비해 발음에 문제가 있거나 혀 짧은 소리를 낸다. 발음이 부정확하면 내용이 아무리 논리정연하고 명확하다고 해도 대화를 이어가기가 힘들고, 따라서 의사소통이 어렵다.

말문이 늦게 트인 아이는 적절한 시기에 말문이 트인 또래 아이에 비해 발음이 부정확할 확률이 높다. 이럴 경우 성장하면 좋아질 것이라 믿고 방치하다가는 또래 아이들과의 대화에 문제가 생겨 왕따를 당할 수도 있으므로 조기에 적절한 교정을 해주어야 한다.

말을 부정확하게 한다고 해서 아이를 다그치거나 명령조로 "말 좀 똑바로 해!"라고 야단치면 오히려 아이는 말을 하는 것을 무서워하게 된다. 그럴 때는 아이가 말하는 것을 녹음을 해서 들려줘보자. 아이가 직접 듣고 자신의 발음이 어떤가를 알게 해서 스스로 발음을 정확히 해야겠다고 느끼는 것이 중요하다.

발음이 부정확한 아이는 발음에만 문제가 있는 것이 아니라 전체적으로 언어 능력이 떨어지는 경우가 있다. 아이가 질문에 답을 못하고 질문 자체를 되묻기만 한다거나 나이에 비해 턱없이 수준 낮은 대답을 하거나 간단한 지시나 질문을 이해하지 못한다면 발음만 교정해서는 안 된다. 전반적인 언어 능력을 체크하고 개선시키는 것이 먼저다. 언어 능력이 뒷받침되어야 발음도 고칠 수 있기 때문이다.

| **들은 말을 그대로 전달하게 하라** |

다른 사람에게서 들은 말을 한마디도 틀리지 않게 전달하는 것은 매우 어렵다. 순간 암기력이 뛰어나야 하기 때문이다. 그래서 4, 5세 된 아이들은 간단한 말은 전할 수 있지만 문장이 조금만 복잡해져도 말끝을 흐리는 등 힘들어 한다.

3, 4세 아이라면 먼저 짧은 문장부터 따라 하도록 해본다. 처음 시작할 때는 "나는 놀이터에 가고 싶다", "나는 배가 고프다"와 같이 3단어 정도 조합된 문장을 따라 하게 하는 것이 효과적이다. 아이가 어느 정도 익숙해지면 좀 더 복잡한 말을 따라 하게 한다. 이때는 다양한 어휘를 사용하여 아이의 기억력을 키워주면서 동시에 말솜씨도 세련되게 다듬어주는 것이 좋다.

아빠와 거의 매일 대화를 하는 아이들이 대화를 전혀 하지 않은 아이들에 비해 과목별 평균 점수가 높다는 것이 최근 한국교육과정평가원이 분석한 결과다. 결국 공부를 잘하는 아이로 만드는 진정한 힘은 매일 아빠와 다양한 이야기를 허물없이 나누는 데 있었다. 잔소리 없이 최상위권 성적을 받는 아이로 키운 아빠들의 대화에는 공통점이 있었다. 따뜻하고 일관적이며 아이를 잘 관찰하여 내 아이가 무엇을 원하는지 파악하여 그것에 대해 반응을 잘해주는 것이었다.

• chapter 3 •

자기주도학습 습관이 성적을 결정한다

아이에게 곧바로
답을 알려주지 말자

아빠 마음은 다 똑같다. 아이의 재능을 100% 발휘할 수 있도록 키우고 싶어 한다. 아이의 창의력과 문제해결력을 키우는 방법은 생각보다 어렵지 않다. 질문하는 습관을 조금만 바꾸면 된다. 호기심이 많은 아이들을 살펴보면 귀찮을 정도로 아주 사소한 것에서부터 복잡하고 난해하여 대답하기 난감할 정도의 어려운 것까지 질문을 많이 한다는 것을 알 수 있다.

하지만 아빠들이 "모른다", "바쁘다", "넌 몰라도 된다", "공부나 해라"라는 식으로 어린 아이들의 호기심을 싹뚝 잘라버린다면 아이들의 알고자 하는 의욕 또한 당연히 줄어들 것이다. 결국 공부와 멀어질 수밖에 없다.

반대로 아이가 습관적으로 거의 모든 일에 "예", "아니오"라는 답으로 일관하거나 매사에 시큰둥하다면 아빠의 질문 습관을 되돌아볼 필요가 있다. 아빠의 질문 습관이 조금만 변해도 아이의 무덤덤한 태도가 조금씩 사라지고 호기심과 질문이 늘어나는 걸 발견할 것이다.

아이들에게 미치는 영향이 큰 만큼 질문에는 성심성의껏 대답해주어야 하지만 호기심이 왕성한 아이들의 끝없는 질문에 일일히 대답해주기란 여간 어려운 일이 아니다. 아이가 생각할 시간도 없이 성급하게 답을 알려주는 것 역시 아이의 호기심과 사고력, 창의력에 도움이 되지 않는다. 아이의 질문에 대답할 상황이 여의치 않을 경우나 혹은 검색을 통해서 충분히 찾을 수 있는 경우에는 신문, 인터넷 등 주변 환경을 이용하여 질문의 해답을 찾는 과정을 알려주자. 그럴 경우 아이는 단순히 궁금증에 대한 답만 얻는 것이 아니라 궁금증을 해결하는 방법까지 터득해 한층 폭넓게 생각할 수 있게 된다. 실제로 아이들은 자료를 찾으면서 어른들은 생각하지도 못하는 아이디어를 떠올리기도 한다.

| **스스로 생각하고 찾아볼 기회를 준다** |

혼자 공부하다 보면 모르는 것이 나오기 마련이고, 이것들을 아이 혼자 해결하지 못할 때가 많다. 다음날 학교에 가서 물어보자니 더

이상 진도가 안 나가고 모를 때마다 엄마, 아빠한테 일일이 물어보거나 전화할 수도 없는 노릇이다. 공부와 관련된 일이다보니 대부분 엄마, 아빠들은 이럴 경우 학원이나 과외 선생님에게 의지하는 경향이 있는데, 학원보다 근본적인 해결책은 아이에게 자료를 찾는 습관을 갖게 하는 것이다.

교과서 내용 중 의문이 생겼다면 자세한 해설이 있는 자습서를 활용하게 하고 사회나 과학은 부교재를 함께 이용하도록 한다. 아이의 책꽂이에 적어도 국어사전과 대백과사전은 갖추어놓고 습관처럼 찾아보게끔 유도해야 한다. 처음에는 찾는 방법을 알려주고, 찾아보면 공부에 어떻게 도움이 되는지 알려준다.

① 바로 답하지 않는다.
아이 아빠, 이건 뭐예요?
아빠 글쎄 답이 뭘까? 넌 어떻게 생각하는데? 괜찮으니까 이야기 해 봐.

② 처음에는 함께 방법을 찾는다.
아이 생각해봐도 잘 모르겠어요.
아빠 아빠도 궁금한데 그럼 우리 함께 찾아볼까? 어떻게 찾아보면 좋을까?

③ 비슷한 상황에서 과거의 방법을 훈련할 수 있도록 한다.

아이 이 문제는 사회자습서를 찾아봐도 모르겠어요.

아빠 전에 아빠랑 인터넷에서 찾아본 적 있지? 그렇게 한 번 찾아봐.

아이들은 어려운 문제를 만나거나 궁금한 내용이 생겼을 때 생각해보지도 않고 바로 포기하는 경우가 너무 많다. 자기주도적으로 공부하는 습관을 기르는 데 스스로 자료를 찾고 해결하려는 습관을 갖는 것은 아주 중요한 부분이다. 이러한 습관을 가지도록 아빠는 평소에 아이에게 관심을 가지고 격려하는 것이 필요하다.

아이의 재능보다 노력을 칭찬하라

이미 칭찬의 중요성은 잘 알고 있을 것이나, 그 중요성은 아무리 강조해도 지나치지 않다. 칭찬은 그 어느 것보다 빠르게 자신감과 행복감을 갖게 하고 불가능도 가능하게 만드는 위대한 힘이 있다. 칭찬과 비난은 상반된 위치에 있어 칭찬의 무게가 커지면 비난의 무게는 자연히 줄어든다. 위대한 업적을 남긴 이들을 찬찬히 살펴보면 처음부터 그들이 훌륭했던 것은 아니었다는 걸 알 수 있다. 그 뒤에는 조력자와 더불어 그들이 전하는 참된 칭찬과 격려가 있었다. 이들의 평범했던 인생을 바꿔놓은 마법의 언어 칭찬과 격려, 이는 사람이 갖고 있는 능력과 잠재력을 최대한 활용하도록 만드는 촉진제와 같다.

세계 최고의 무용수 강수진의 인생을 바꾸어놓은 것 또한 진심어린 칭찬이었다. 그녀는 1985년 동양인 최초로 스위스 로잔 콩쿠르에서 그랑프리를 차지한 뒤 흐르는 눈물을 멈출 수 없었다. 그녀는 최연소 단원으로 입단한 독일 슈튜트가르트 발레단에서 지금까지도 왕성하게 활동 중이다. 최고의 인생을 얻기까지 그만큼의 고난과 역경을 경험해야 했지만 그녀의 곁엔 스승의 칭찬이 함께 했다. 고전무용을 전공하다 남들보다 뒤늦은 중학교 때 시작한 발레였기에 그녀는 열등생 중에 열등생일 수밖에 없었다. 발레라면 지겹고 짜증만 나던 그녀에게 발레를 사랑하게 하고, 세계적인 발레리나를 꿈꿀 수 있게 한 것은 캐서린 선생님이 공이 컸다.

캐서린 선생님은 그녀에게 "수진이는 팔 다리가 길고 예뻐서 조금만 노력하면 멋진 동작을 만들 수 있어. 조금만 더 잘 해보자"면서 격려를 해주었고, 그녀의 동작 하나하나가 한편의 시와 같다면서 나날이 발전하는 강수진의 모습을 칭찬했다. 그녀는 선생님의 칭찬으로 힘을 냈고 발톱이 빠지고 발가락이 뭉그러질 때까지도 연습하고 또 연습했다. 그리고 결국 그녀는 세계를 무대로 뻗어나갈 수 있었다.

이렇게 칭찬은 한 사람의 인생을 뒤바꿀 만큼 큰 힘을 가지고 있다. 그렇다고 해서 무턱대고 칭찬만 해서는 안 된다. 2007년 2월 19일자 〈뉴욕매거진〉에는 칭찬에 관한 주목할 만한 연구 결과가 실렸다. 심리학자 캐롤 드웩과 연구진의 10여 년간의 연구 결과는 '똑똑하다고 칭찬을 해야 한다'고 믿는 사람들의 생각을 뒤집었다. 똑똑하던 많은 아이들의 성취가 갈수록 낮아지는 것은 오히려 똑똑하다는 칭찬 때문이라는 것이다.

이 연구에서는 학생들의 지능을 칭찬하는 그룹과 노력을 칭찬하는 두 그룹으로 나누어 시험 점수에 대해 칭찬을 한마디씩 덧붙였다. 이후 아이들에게 두 시험 중 하나를 고르게 했다. 교사들에게 A 시험에 대해서는 지난 번 시험보다 좀 더 어렵지만 많은 것을 배울 수 있다고 말하게 하고, B 시험은 지난 번과 같은 수준의 시험이라고 말하게 했다. 노력 그룹의 90퍼센트가 더 어려운 시험을 선택하고, 지능 그룹의 대부분은 쉬운 시험을 선택했다.

시험 결과, 두 그룹 모두 성적이 좋지 않았지만 반응은 달랐다. 노력 그룹은 집중하지 못했기 때문이라고 생각하고 공부하는 태도를 돌아보고 개선하려는 마음을 가진 반면 지능 그룹은 자신이 똑똑하지 못한 증거라고 생각했다. 마지막 시험에서 노력 그룹은 30퍼센트 정도까지 성적이 향상되었고 지능 그룹은 처음보다 20퍼센트 가량 떨어졌다. 이 연구는 아이의 재능이 아닌 노력과 과정을 칭찬해야 한다는 결과를 말해주는 것이다.

집중력 향상을 위한 5단계 대화 기술

| 1단계 문제 정의 : 무엇을 해야 하지? |

문제 정의는 공부를 시작하기 전에 "무엇을 해야 하니?", "풀어야 하는 문제가 뭐니?", "해야 할 게 무엇과 무엇이니?" 등의 질문을 하는 것이다. 많은 아이들이 무엇을 해야 하는지 스스로 결정하기보다는 아빠나 선생님이 시키는 대로 하는 것에 익숙해져 있기 때문에 처음에 이런 질문을 받으면 대답을 잘 못한다.

아이가 선뜻 대답을 못한다고 해서 아이가 무엇을 해야 하는지 모른다고 단정짓고 아빠가 대신 말해주어서는 안 된다. 아이가 대답할 때까지 충분히 기다리면서 "오늘 숙제가 뭐야? 학원가기 전에 해야 되는 건 없니?"와 같은 질문을 통해 약간의 힌트를 주는 것이 좋다.

- "오늘 해야 하는 게 뭐야?"
- "풀어야 하는 문제가 뭐니?"
- "오늘은 어떤 공부를 할 거니?"

| 2단계 계획 수립 : 어떻게 해야 할까? |

무엇을 해야 하는지가 결정되면 "오늘은 숙제하는 데 시간이 얼마나 걸릴 것 같니?", "보통 학습지 한 장 하는 데 몇 분 걸리지?" 등의 질문을 통해 활동별 소요 시간을 예상하면서 계획을 세우고 효율적인 방법을 찾도록 한다. 아이들은 어른만큼 시간 개념이 정확하지 않기 때문에 이런 질문에 대답을 잘 못한다. 보통 한 시간 이상 붙들고 있어야 끝나는 일도 "금방 해요. 한 20분?"이라고 말하기도 하고, 30분이면 끝낼 수 있는 것도 "한 시간이요"라고 말하기도 한다.

이때 "바보같이 그 계산도 못하니?"라고 말하거나 "말도 안 되는 소리 하지 마. 너 평소 하는 거 봐서는 3시간도 모자라겠다"라는 식의 말은 하지 말아야 한다. 아이의 예상을 그대로 인정해주고, 우선은 그 안에서 계획을 짤 수 있도록 도와준다.

- "오늘 국어, 사회 숙제랑 학습지를 해야 한다고 했지?"
- "그걸 다 끝내려면 시간이 얼마나 필요할 것 같니?"
- "국어 숙제만 하는 데는 시간이 얼마나 걸릴 것 같니?"

| **3단계 중간 점검 : 어떻게 하고 있지?** |

해야 할 것이 무엇이며 어떻게 할지를 결정한 후에는 실제 활동에 들어간다. 그 활동은 책을 읽는 것일 수도 있고, 문제집을 푸는 것일 수도 있으며, 숙제를 하는 것일 수도 있다. 일단 활동이 시작되면 아이에게 말을 걸지 말고 아이 스스로 주어진 과제를 마치도록 하는 게 제일 좋다.

하지만 아이가 처음 계획과 다르게 문제에 접근하거나 딴 생각에 빠져 있는 것처럼 보일 때에는 "좀 전에 세운 계획대로 하는데 혹시 어려운 점이 있니?", "계획한 시간 내에 끝내려면 지금 어디까지 해야 할까?" 등의 질문을 통해 자연스럽게 중간 점검을 해야 한다.

- "좀 전에 세운 계획대로 잘 되고 있니?"
- "생각한대로 잘 되어 가니?"
- "계획한 시간 내에 끝내려면 어떻게 해야 할까?"
- "지금 어디까지 하고 있어?"
- "앞으로 어떻게 하려고 하니?"

| **4단계 끝낸 후 점검 : 어떻게 했지?** |

"어떻게 했지?"는 과제를 끝낸 후에 제대로 했는지, 실수한 게 없는지, 빠뜨린 것은 없는지 확인하는 습관을 길러주기 위한 질문이다.

아이가 책을 덮고 다른 활동을 시작하기 전에 잠깐 책상 옆으로 가서 공부한 것을 다시 한 번 얘기하면서 정리해볼 수도 있고 연습장에 요약해보도록 지도할 수 있다. 아이가 너무 많은 것을 빠뜨리거나 건성으로 한 것처럼 보여도 절대 화를 내거나 야단을 쳐서는 안 된다.

- "우리 계획한 대로 됐는지 확인해볼까?"
- "계획한 시간 안에 못 끝낸 이유가 뭘까?"
- "다음에는 숙제하는데 걸리는 시간을 몇 분으로 할까?"
- "오늘 예은이가 어떤 공부를 했는지 아빠가 너무 궁금한데, 얘기해줄 수 있겠니?"

| 5단계 칭찬과 격려 |

4단계에서 아이가 아빠의 질문에 척척 조리 있게 대답을 잘한다면 더할 나위 없이 좋겠지만 대부분의 아이는 많은 것을 빠뜨리고, 금방 공부한 것도 더듬거리며 얘기한다. 이때 절대 화를 내거나 야단을 치지 않는 것이 중요하다. 집중력을 높이는 대화법 마지막 단계가 바로 칭찬과 격려이기 때문이다.

- "예은이는 기억력이 참 좋구나. 처음에 아빠랑 약속한 것을 하

나도 빠트리지 않고 기억해내다니!"
- "오늘 처음 배운 내용을 모두 기억하는 것은 아빠라도 어려울 거야. 그래도 구구단은 완벽하게 외우고 있으니까 아빠랑 다시 해보면 풀 수 있어!"

아이와 같이 꿈을 말하는 아빠가 되자

해낼 수 있다는 자신감은 아빠의 믿음에서 나온다

고기를 잡는 방법을 알려줘라

아이의 무한한 잠재력, 어떻게 찾아줄 것인가

PART ★ 5

아이가 나보다 멋진 인생을 살았으면 좋겠다

어느 아빠나 아이가 자기보다 멋진 인생을 살기를 바랄 것이다. 아이는 나의 분신이기도 하고 나의 애정의 결정체이기 때문이다. 그러나 아빠가 마음먹은 대로 아이들은 성장해주지 않는다. 그러다 보니 아이들과 마찰과 갈등이 생기고 결국에는 심각한 문제에 빠지기도 한다. 아이가 나보다 멋진 인생을 살려면 아빠의 철저한 계획을 바탕으로 가정 교육이 이루어져야 한다. 성공한 자녀들은 하루 아침에 우연히 만들어진 게 아니다. 오랫동안 그의 부모들의 영향을 받으며 하루하루 성장한 것이다. 아이들이 나보다 멋진 인생을 살기 위해서는 아빠가 먼저 꿈을 갖고 아이를 변화시킬 계획을 세워서 실천해나가야 한다. 가장 먼저 해야 할 일은 아이의 꿈을 뚜렷하게 정하는 것이다. 아이들이 평생 자신감있게 도전하는 인생을 살게 하려면 자기효능감을 세워주어야 하며, 아이의 내재되어 있는 잠재 능력을 불러 일깨워줘야 한다. 그러면 아이는 부모의 보호 없이도 스스로 꿈을 실현하기 위해서 노력하게 되고, 인내력을 바탕으로 아빠가 원하는 아이로 커줄 것이다.

01
아이와 같이
꿈을 말하는 아빠가 되자

아이들이 뚜렷한 꿈을 가지면 목표의식도 뚜렷하고, 매사에 계획적이며, 도전을 한다. 반면에 꿈을 갖지 못하면 아이는 목표의식도 없으며, 무계획적이고, 나태하고 게으르게 된다. 일본인들이 많이 기르는 관상어 중에 '코이(KOI)'라는 관상용 잉어가 있다. 이 잉어를 작은 어항에 넣어두면 5~8센티미터밖에 자라지 않지만, 아주 커다란 수족관이나 연못에 넣어두면 15~25센티미터까지 자란다고 한다. 강물에 방류하면 90~120센티미터까지 성장한다고 한다.

이렇게 무한대로 성장할 수 있는 코이가 어항 속에서는 조무래기가 되는 이유는 어떤 환경이든 쉽게 적응해버리기 때문이다. 익숙해진다는 것은 이렇게 무서운 것이다. '코이'는 자기가 숨 쉬며 활동하는 세계의 크기에 따라 조무래기가 될 수도 있고 대어가 되기도 하는 것이다.

비전이란 '코이'라는 물고기가 처한 환경과도 같지 않을까? 더 큰 비전을 꾸면 더 크게 자랄 수 있다. 성공하는 삶 역시 항상 커다란 비전과 함께 시작된다. 아빠가 지니고 있는 비전과 열정의 크기만큼 비례하여 아이 역시 꿈과 목표 또한 확실해지며 커진다. 꿈을 가지고 이를 위해 노력하는 것은 아이의 생활 습관을 형성하는 데 있어서 가장 중요한 부분이다.

아이에게 비전과 목표를 세워주기 전에 먼저 선행되어야 할 조건은 아빠 역시 꿈이 있어야 한다는 것이다. 주의해야 할 점은 우리의 역할은 아이에게 꿈을 가질 수 있도록 안내해주는 것이지 자신이 원하는 방향으로 꿈을 끌고 가선 안 된다는 것이다.

성공한 사람들의 특징을 보면 여러 가지 공통점이 있지만 그중에서 가장 중요한 것이 하나같이 꿈을 크게 가졌다는 것이다. 자신의 미래에 대한 꿈을 구체적으로 그린 사람일수록 성공에 이르는 비율이 높은 것이다. 아이의 꿈을 키우기 위해서 아빠가 할 수 있는 일은 다음과 같다.

| 꿈은 크게 그리게 한다 |

옛말에 "호랑이를 그리려고 하면 고양이라도 그리지만, 고양이를 그리고자 한다면 아무것도 그리지 못할 수도 있다"는 말이 있다. 따라서 아이들에게 꿈을 크게 그리게 해야 한다. 예를 들면 '공무원'이 꿈인 아이에게는 '대통령'을, '교사'가 꿈인 아이에게는 '교육과학기술부 장관'을 그리도록 하는 것이다. 꿈이 크면 이룰 수 있는 것이 크지만 꿈이 작으면 이룰 수 있는 것이 없을 수도 있다. 큰 꿈이 있어야 가는 길이 멀어도 지치지 않고 멀리 갈 수 있다.

| 꿈은 구체적이고 분명하게 설정한다 |

꿈이 정확하지 않으면 중간에 목표를 잃어버리게 되어 꿈을 포기할 수 있다. 따라서 꿈은 정확하게 가져야 한다. 예를 들면 꿈이 '의사'라고 해도 '내과 의사' 또는 '정신과 의사' 등 구체적으로 정해야 한다. 꿈을 분명하게 정해야 자신이 현재 목표에 어느 정도까지 도달하는지 자신의 상태를 점검해볼 수 있다.

| 꿈은 달성 가능해야 한다 |

꿈은 아이들이 달성 가능한 것으로 해야 한다. 꿈이 크고 목표가 뚜렷하다고 해도 그저 허황되면 포기하게 되고, 결국은 좌절하게 된다. 반대로 열심히 노력하지 않고서도 이룰 수 있는, 현재의 역량으

로 충분히 달성 가능한 목표를 세운다면, 아이에게 어떠한 설렘도 주지 못하게 된다. 따라서 막연한 기대만으로 목표를 수립하는 것이 아니라, 꿈과 설렘을 주는 달성 가능하면서도 한 번 해볼 만한 꿈을 목표로 세워야 한다. 그래야 비로소 아이가 설레는 가슴을 안고 기꺼이 목표를 달성하기 위하여 도전하려고 할 것이다.

| 아이가 원하는 꿈을 가지게 한다 |

아이의 생각과 가치가 반영되지 않은 목표, 부모가 권해서 선택한 목표는 그 목표에 도달하기가 어렵다. 따라서 아이가 현재 그리고 미래에 바라는 것이 무엇이고, 열정을 다해 얻고자 하는 것은 무엇인가가 목표에 담겨 있어야 한다.

이를 위해서는 충분한 자료를 수집하고 심사숙고하는 과정이 반드시 필요하다. 아이에게 다양한 체험을 해보게 해주는 것도 좋다. 진로직업지도, 적성검사, 비전 캠프, 꿈 찾기 프로그램 등을 통해서 아이의 꿈을 찾아볼 수도 있다. 자신의 꿈을 실제로 이룬 사람들의 삶을 보게 하거나 직접 그 직업을 체험해보는 것도 큰 도움이 된다.

| 목표 달성의 장애요인과 대안을 사전에 생각해둔다 |

꿈을 정할 때는 걸림돌이 무엇인지를 미리 생각하고 그에 따라 대안을 준비해둔다. 장애요인이나 대안을 사전에 고려한다는 것은 아이

로 하여금 꿈을 포기하게 하려는 것이 아니라 원하는 꿈을 이루기 위해서는 장애요인을 극복하든지 대안을 선택하도록 지도하기 위해서다. 그러면 목표에 도달할 확률이 더욱 높아진다.

| 꿈은 잘 보이는 곳에 붙여놓는다 |

꿈을 정했으면 자주 꿈을 상기해야 한다. 그래야 목표를 이룰 수 있다. 꿈을 정하기만 하고 이에 대해 생각하지 않거나 관심을 가지지 않으면 꿈을 잃어버리게 되거나 포기하게 된다. 꿈을 항상 상기하기 위해서는 자신의 목표가 늘 생각나도록 책상이나 자주 볼 수 있는 곳에 붙여놓고 항상 읽어보게 하는 것이 좋다. 꿈을 자주 상기하면 잠재의식 속에 자신의 노력에 대해 긍정적으로 받아들이고 자신이 세운 목표에 도달하도록 노력하게 된다.

| 필요하면 계획의 일부를 수정한다 |

꿈을 이루는 과정에는 장애물이 나타나게 마련이다. 이럴 때는 문제점을 분석하여, 목표나 계획의 일부를 수정할 수 있다. 반대로 처음에 설정했던 목표보다 결과가 더 좋게 나타나거나 계획을 초과 달성한 경우에는 목표를 더욱 상향 조정해야 한다.

다음은 아이와 함께 꿈과 비전을 세워 나가는 과정에서 나눌 수 있는 대화들이다. 한번쯤 아이들과 시간을 가지고 이야기해보자. 무엇을 좋아하고, 무엇을 하고 싶고, 그러기 위해서 무엇을 준비해야 할지를 진지하게 서로 이야기하다 보면, 서로의 믿음 또한 한층 단단해질 것이다.

1. 비전 함께 세우기
- 넌 지금 무엇을 위해 공부하려고 하니?
- 네 꿈은 뭐지?
- 네가 잘하고 좋아하는 일은 어떤 것이 있을까?
- 넌 어떤 사람이 되고 싶니?
- 넌 30년 후에 어떤 모습으로 살고 싶니?

2. 목표 설정
- 네가 원하는 비전을 위해서 무엇을 해야 하지?
- 네가 원하는 비전을 위해서 어떻게 해야 할까?
- 네가 원하는 비전을 위해서 언제부터 해야 하지?
- 네가 원하는 비전을 위해서 언제까지 해야 하지?

예. 학습목표를 정했을 경우
"우리 함께 의논했던 학습목표 이야기를 해볼까?"

- 이번 주 목표 : 숙제하고 나가 놀기
- 이번 달 목표 : 책 30권 읽고 목록 작성하기
- 이번 해 목표 : 관악기 하나 배우기

3. 실행플랜 작성

주간 실천계획표를 작성하여 매주 점검하게 하자.

4. 자신과의 서약

자신과의 약속을 다짐하여 선포하게 하자.

5. 시각화하기

세워진 비전을 시각화하고 가족과 친구들에게 선언하게 하자.

해낼 수 있다는 자신감은
아빠의 믿음에서 나온다

　　　　　　　　　　　자기효능감은 특정 상황에서 자신이 할 수 있다고 생각하는 자신감을 말한다. 자기효능감이 높은 아이들은 어떤 일이든 자신감이 있기 때문에 무슨 일을 하더라도 꾸준히 하고 결과도 좋다. 이러한 긍정적 사고와 행동은 결국 보다 좋은 성과로 이어지며, 스트레스나 강박관념 등에도 덜 시달리는 아이로 자라게 한다.

　뿐만 아니라 자기효능감이 높은 아이들이 자기효능감이 낮은 아이에 비해 도전적이며, 어떤 일에도 최선을 다한다. 반면에 자기효능감이 낮은 아이들은 자신을 부정적으로 보고 타인에 대해서도 부정적인 태도를 취하는 경향이 많다.

이렇듯 아이의 미래를 위해서는 어려서부터 자연스럽게 자기효능감을 길러주는 것이 필요한데, 이를 위해서는 다음과 같은 사항을 참고해보자.

| 성취 경험을 만들어준다 |

반복적으로 성공 경험이 쌓이면, 저절로 자기효능감이 높아진다. 따라서 너무 높은 목표를 제시하는 것보다 아이가 충분히 달성할 수 있는 작은 목표를 부여하고 이를 성취할 수 있도록 격려하는 것이 좋다. 이는 대리 체험으로도 가능한데, 다른 사람이 특정 과업에서 성공을 거두는 것을 보면 "나도 할 수 있어"라는 자기효능감이 증가한다. 이미 성공한 사람들이나 위인들을 모델링하여 아이에게 간접적으로라도 경험하게 해주자.

| 정서적으로 안정을 준다 |

아이들은 불안이나 공포가 찾아오면 원래의 목적을 달성하기 어렵다. 따라서 아이가 시험이나 중요한 일을 앞두고 불안해하지 않도록 정서적으로 안정을 취할 수 있게 격려해주자. 평소에 아이와 대화를 하면서 아이가 무엇이든 잘할 수 있다는 것을 확신시키고 설득하면, 아이는 자기효능감이 높아져간다.

자기효능감은 자신감과 같다. 자신감을 가질 수 있도록 항상 칭찬하고 격려를 해주는 것이 중요하다. 잠재 능력을 발견해서 잘할 수 있도록 이끌어주면 아이의 자신감이 높아지고 결국 자기효능감이 증가한다. 성공한 사람들도 특별한 능력 때문이 아닌 노력과 습관으로 그 자리에 이르렀다는 것을 이야기해준다.

| 작은 일에도 칭찬을 해준다 |

매일 한 가지 이상 잘한 행동에 대해서는 칭찬을 많이 해준다. 단순히 말뿐 아니라 머리를 쓰다듬어주거나 엉덩이나 등을 두드려준다. 가볍게 안아주거나 놀란 표정을 지어 온몸으로 아이를 칭찬해 주는 것도 효과적이다.

아이가 비록 잘못을 했다 하더라도 감정적으로 얼굴을 붉히거나 무조건 크게 화내는 일은 삼간다. 아이가 한 일에 너무 화가 날 때는 잠시 자신의 감정부터 다스리고 아이를 대해야 한다. 형제나 친구, 친척과 비교해서 아이를 위축시키지 않는다. 아이가 또래에 비해 어떤 부분에서 뒤지더라도 상심하지 않도록 잘하는 것을 찾아서 칭찬해준다.

| 스스로 해결할 수 있는 기회를 만들어준다 |

어떤 일을 할 때 지시하기보다는 아이가 스스로 심사숙고하여 문제를 해결할 수 있도록 충분한 시간을 주는 것이 좋다. 혼자서 문제를

찾아 해결할 수 있도록 끊임없이 격려하고 독립심을 북돋아준다. 아이의 자존감을 높여주기 위해서는 아이에게 될 수 있으면 모든 일에 있어서 성공적인 경험을 갖도록 유도하고, 또 긍정적인 반응을 주어야 한다. 예를 들면 아이가 풀기 어려운 문제를 내어서 실패의 경험을 하게 하기보다는 좀 쉬운 문제를 내어서 성공의 경험을 하도록 하는 것이 바람직하다.

고기를 잡는
방법을 알려줘라

한국 사람의 교육열은 세계적이다. 교육열이 뛰어나다고 하는 유태인도 한국 사람의 교육열에는 두 손 두 발 다 들었다고 한다. 유태인들 중에는 아인슈타인, 프로이트, 마르크스, 멘델스존, 록펠러, 에리히 프롬, 더스틴 호프만, 스티븐 스필버그, 빌 게이츠 등 세계적으로 유명한 사람들이 헤아릴 수 없이 많다. 또 유태인은 독일의 히틀러에게 핍박을 받은 민족으로 유명한데, 그런 고통스러운 핍박을 받으면서도 여전히 건재하며 지구상에서 가장 많은 노벨상 수상자를 배출한 민족이라는 점에서 세상의 주목을 받고 있다. 그들의 어떤 점이 그러한 결과를 만들었을까?

유태인 중에서 세계적인 인물이 많은 이유는 부모의 독특한 교육 때문이다. 나라를 잃고 세계를 떠돌아다니는 5천년 동안 가정에서부터 남다른 교육을 실천한 결과다. 그것은 바로 아이들에게 고기를 잡는 방법을 알려준 것이다. 하지만 우리는 어떤가. 아이에게 고기를 잡아주려고만 한다.

별 차이가 아닌 것 같아 보이지만, 여기에는 엄청난 차이가 있다. 유태인은 아이들에게 세상을 살아가는 방법을 알려주려 하지만 우리는 아이들에게 옷 입는 것, 밥 먹는 것, 세수하는 것, 이를 닦는 것 등을 모두 부모가 해주려고 한다. 유태인 아이들은 어릴 때부터 독립심을 키우고 스스로 자기주도적인 삶을 살도록 배운다. 반면에 우리는 부모에 의존하는 나약한 아이들을 만든다.

요즘은 자녀를 1~2명만 낳다 보니 아이에게 모든 것을 쏟아붓는 부모들이 많다. 그러다 보니 필요 이상으로 아이를 도와주고, 요구하는 대로 해주며, 아이 가까이에서 한시도 떠나지 못하는 등 아이를 과잉보호하고 있다.

그 결과 아이는 욕구불만을 이겨내는 힘이 약해지고, 자립심이 부족해지며, 의타심만 커진다. 집 밖에 나가면 자신이 없어지고 우유부단해지며, 친구와의 관계도 원만하지 않다. 그러나 집안에서는 제멋대로 하며, 조금이라도 요구를 들어주지 않으면 울거나 폭력을 휘두르려고 한다. 공부에는 적극성이 없어지고 등교를 거부하며, 사춘기 이후에는 비행청소년이 되기 쉽다.

결국 부모의 과도한 보호는 아이를 망치는 것이다. 건강하고 걱정 없는 아이로 키우기 위해서는 우리도 유태인처럼 고기를 잡는 방법을 알려주는 것이 필요하다. 고기를 잡는 방법을 알려주는 것은 이 세상을 살아가는 방법을 알려주는 교육이다. 아이가 혼자 하는 것이 안쓰러워도 그냥 놓아두고 보고, 아이가 문제가 생겨 난관에 부딪히면 문제해결 방법을 알려주는 것이다. 고기를 잡는 방법을 알려주는 것은 엄마보다는 아빠가 하는 것이 더욱 효과적이다. 아빠는 근본적으로 아이들을 강하게 키우려는 마음이 엄마보다 강하기 때문에 아이들을 객관적으로 지켜보기 쉽다.

고기 잡는 방법을 아는 아이들은 부모에게 의지하지 않고도 자신이 스스로 인생을 선택하면서 행복해지는 방법을 안다. 그리고 이를 위해 도전하면서 개척해 나간다. 그들은 아무리 힘들어도 멈추지 않고 자신이 정한 목표에 도달하기 위해서 노력해 나갈 것이다.

고기를 잡는 방법은 공부하는 법에서도 차이가 있다. 지식을 암기하게 하는 것이 아니라 공부하는 방법을 알려주는 것이다. 결국 공부하는 방법을 배운 아이는 무엇이든 스스로 하고, 공부도 하고 싶어서 한다. 바로 이는 창의성을 높이는 교육 방법과도 맞닿아 있다.

부모는 '아이의 스승'이다. 부모의 교육관이 결국 아동의 가치관 형성에 막대한 영향을 미치며, 올바른 가치관을 형성시켜 줄 것이다. 문제는 무조건 공부를 잘 해서 좋은 대학에 가고, 좋은 일자리를 갖는 것을 자식 교육의 궁극목표로 삼는 교육관이다. 우리 아이들의 미래를 위해서 고기 잡는 방법을 알려주는 교육관이 그 무엇보다 필요한 때다.

아이의 무한한 잠재력,
어떻게 찾아줄 것인가

인간은 무한한 잠재 능력을 가지고 태어나지만, 평생 그 능력 중에서 5~10% 정도만 사용할 뿐이라는 것은 이미 잘 알려진 사실이다. 뇌 과학자들에 따르면 인류 역사상 뇌를 가장 많이 사용한 과학자 중의 한 사람으로 간주되는 아인슈타인도 10%를 넘지 못했다고 한다.

결국 인간은 평생 5~10%의 능력만을 사용하고 나머지 90% 이상의 잠재 능력이 사장된다는 것이다. 사람은 자신의 능력 중에서 빙산의 일각만을 사용한 채 세상을 떠나기 때문에 이제껏 자신에게 주어진 잠재 능력의 한계점까지 도달한 사람은 아무도 없다.

잠재 능력은 겉으로 드러나지 않고 숨어 있는 무한한 힘이다. 잠재 능력은 평소에는 내재되어 있다가 위급한 상황에 맞닥뜨리면 나타나기도 한다. 평소에는 평범했던 주부가 아이가 트럭에 깔리자 트럭을 들어올렸듯이 뇌도 순간적인 집중력을 가지면 평소보다 더 많은 잠재력을 표출해낼 수 있다.

이렇게 초인적인 잠재력이 왜 평소에는 나타나지 않는 것인가? 그것은 집중력이 없기 때문이다. 다급할 때는 오직 그 문제를 해결해야겠다는 강한 집중력이 생기는 반면에 평소에는 다양한 외부 환경에 의하여 집중력이 떨어질 뿐만 아니라 장애요인까지 감안하기 때문에 잠재력은 고사하고 나타난 능력마저도 제대로 활용하지 못할 때가 많다.

유아기는 다른 어느 발달 시점보다 타고난 잠재 가능성이 가장 솔직하게 나타나는 시점이다. 따라서 유아기에 타고난 소질, 개성, 적성 등의 잠재력을 극대화시킬 수 있는 최적의 교육환경을 제공한다면 아이의 잠재력을 정확히 인식하고 발전시켜줄 수 있다. 이 시기의 유아들을 스펀지에 비유하기도 하는데, 마치 스펀지처럼 걸러냄 없이 있는 그대로를 모두 빨아들인다는 것이다. 유아기 가정 교육의 중요성을 나타내는 말이다. 이러한 시기에 부모의 역할은 매우 중요하다. 아이의 잠재 능력을 발견해서 키워주어야 하기 때문이다.

아이의 잠재 능력을 알아보기 위한 방법으로는 관찰 방법, 자기 보고 방법, 지능이나 적성검사 등 표준화된 검사를 이용하는 방법이 있다. 첫째, 관찰 방법은 아빠가 아이를 지켜보면서 장단점을 파악하고 평가하는 것을 말한다. 아빠는 아이가 성장하는 동안 아이가 무엇을 잘하고 무엇을 못하는지를 파악하여 잘하는 것은 개발해주고, 못하는 것을 줄여주는 것이다. 아이가 가장 잘하고 좋아하는 것이 바로 잠재 능력이다. 문제는 부모는 기대나 애정이 섞이기 때문에 객관적인 평가를 내리기 어렵다는 데 있다. 때문에 주변 사람들이나 객관적인 평가에도 귀 기울일 필요가 있다.

둘째, 자기보고 방법은 아이가 스스로 무엇을 좋아하고 잘하는지 발견하고 말하게 하는 방법이다. 이 방법은 아이가 초등학교를 다니는 시기에 적당하다. 자신감이 넘치는 아이는 자신이 무엇을 좋아하고 잘하는지를 바로 말할 수 있지만 자신감이 없는 아이는 이를 모르는 경우가 많다. 따라서 자신감이 없는 아이에게는 먼저 자신감을 갖게 하는 것이 급선무다.

셋째, 적성이나 지능검사 등 표준화된 검사를 이용하는 방법은 다른 방법보다 객관적인 정보를 얻을 수 있다. 지능검사는 아이의 지능의 수준을 알려주며, 적성검사는 언어, 수리, 공간지각, 지각속도, 형태지각력 등을 측정해 가장 알맞은 직업군을 예측해준다. 따라서 이 두 가지 검사 결과를 바탕으로 우리 아이가 어떤 일을 하면 좋을지를 선택하면 된다.

부모 스스로 판단을 내리기 어려울 때는 전문가에게 도움을 요청

할 필요도 있다. 아이의 잠재 능력이 발견되면 부모는 아이가 잘하는 것에 대해서 관련된 정보들을 아이에게 말해주고, 그것을 펼칠 수 있는 기회를 마련해주는 것이 좋다.

인류 역사에 위대한 발자취를 남긴 사람들 대부분은 자신의 잠재 능력을 찾아서 이를 사용한 사람들이다. 우리 아이도 잠재 능력을 찾아 개발하기만 한다면 자신의 꿈을 마음껏 아낌 없이 펼칠 것이라는 진리를 보여주고 있는 것이다.

아이의 숨은 잠재력을 끌어내는
아빠 대화법

초판 1쇄 발행 2012년 12월 27일
초판 4쇄 발행 2014년 7월 25일

지은이 | 전도근
발행인 | 이원주

임프린트 대표 | 김경섭
기획편집 | 한선화 · 김순란 · 박햇님 · 강경양
디자인 | 정정은 · 최소은
마케팅 | 노경석 · 윤주환 · 조안나 · 이철주
제작 | 정웅래 · 김영훈

발행처 | 지식너머
출판등록 | 제2013-000128호
주소 | 서울특별시 서초구 사임당로 82 (우편번호 137-879)
전화 | 편집 (02) 3487-1650, 영업 (02) 2046-2800

ISBN 978-89-527-6790-5 13590

이 책의 내용을 무단 복제하는 것은 저작권법에 의해 금지되어 있습니다.
파본이나 잘못된 책은 구입하신 곳에서 교환해드립니다.